U0011410

OKINAWA 沖繩

彭大家族自助錦囊【癮食篇】

Fall in love
with Okinawa ♥

【作者序一】

挑選喜歡的餐廳自己評分吧！

文／彭國豪（彭大）

上一本書分享給大家，怎麼做好出發前的功課和旅途中遇到了緊急狀況該怎麼處理。一直在想那第二本書我們該要走哪個方向呢？實在不想跟坊間的旅遊書一樣，不是溜滑梯，就是大公園，那該介紹什麼呢？

想想，好像還沒有人把自己吃過的東西寫成一本書來做介紹，所以這是一本完完全全都是吃的旅遊書，至於口味好不好吃就會因人而異了！

接下來介紹的資料，就給大家當作參考，這是我這三年內有去吃過的餐廳，可能當你看到的時候，老闆已經換人了；可能當你看到的時候，廚師已經換人了；可能當你看到的時候，菜色已經改變了。更有可能當你去到門口的時候，餐廳已經不在了！

所以請大家在前往之前，在臉書社團「沖繩彭大家族自助錦囊」內，先搜尋一下最近是否有人前往過。或是在谷歌地圖內查詢一下位置跟評價，確認是否尚在營業中！免得讓安排好的行程，撲了個空，掃了興致唷！

關於書內的餐廳，我們並沒有給很多的評論，單純只是依照餐廳的環境、餐廳的餐點，提供一些簡單的介紹，讓你挑選自己愛吃的菜色，選擇你想前往的餐廳！我們希望可以讓你在旅程中，不用再去找什麼必吃的餐廳，只需要開到哪裡吃到哪裡，方便、順路、喜歡就好！

用完餐，你可以視自己喜歡的程度將書上的愛心塗滿，最高五顆心，自己評分一下，看看我去過的餐廳，最後你總共去了幾間呢？似乎也是不錯的遊戲唷！

【作者序二】

把享用美食當作一趟華麗的冒險吧！

文／郭聖馨（郭妹）

沖繩這個被美麗太平洋環抱的島嶼，不僅氣候溫度跟台灣類似，舒適宜人，連許多傳統食物都跟台灣類似，還有各種琉球式、美式、日式、中華式……等等的風格，不同的風格，常讓人有選擇障礙又流連忘返。於是沖繩，即成為現今大家最喜愛的旅遊地，不管是一家人、兩人世界、死黨之旅、閨密之旅，甚至是一個人的旅行，都是相當適合的地方。

自由行裡總是有許多值得驚喜與期待的環節，除了玩樂、購物，「吃」當然是旅行中相當重要的一部分，我們吃過許多沖繩好吃或印象深刻的餐廳，沖繩蕎麥麵、海鮮、居酒屋、咖啡廳、燒肉、傳統食堂……等等，無論是吃氣氛、吃美味、吃心情還是吃感覺，相信你一定可以找到想要嘗鮮或喜愛的種類。

有時候，拋開網路的星星評價，就當作是一場華麗的嘗鮮冒險，因為我們並不是美食評論家，只是愛旅行、愛沖繩、享受生命的旅人，讓我們在每一次的旅行中、在每一處風景與每一樣食物上，都留下不一樣的印記吧！

跟著彭大去旅行

目錄

作者序一　挑選喜歡的餐廳自己評分吧！／彭國豪（彭大）‧‧‧‧‧‧‧‧‧ 002

作者序二　把享用美食當作一趟趟華麗的冒險吧！／郭聖馨（郭妹）‧‧‧‧ 003

全沖繩地圖‧‧‧‧‧‧‧‧‧‧‧‧‧‧‧‧‧‧‧‧‧‧‧‧‧‧‧‧‧‧‧‧ 006

❶ 那霸 ‧‧‧‧‧‧‧‧‧‧‧‧‧‧‧‧‧‧‧‧‧‧‧‧‧ 007

‧本區地圖北、中、南

🏠 店家介紹 33 家

魚河岸、絆家、赤とんぼ、鶏坊小禄店、筑前屋久茂地店、Bal Co-Lab、あしどり泉崎、神戸 BAR、餃子酒場 金五郎、武餃子 弍ノ弐、地酒と炙りの 火人粋、藁焼き 炭火炉端、串ぼうず、わたんじ、丸江の弁当、本也拉麵、88 燒肉辻店、Cookiya、かき小屋、Akebono Curry 安榭店、自家製麵 三竹寿、沖繩どん亭、泊いゆまち、第一牧志公設市場、守礼そばと、甘味処 万丸 Cafe、燒肉東光園、燒肉山ちゃんの部屋、あけぼのラーメン中華料理、Ice Oasis、おいで家 久茂地本店、燒肉極上牛、琉球王国市場

❷ 北谷‧宜野灣‧浦添‧泡瀨 ‧‧‧‧‧‧‧‧‧‧‧‧‧‧‧‧‧‧ 067

‧本區地圖

🏠 店家介紹 13 家

Café ENJOY!、Tony Roma's、海的女神、Transit Cafe、泡瀨漁港直賣店、鶏だし工房、北谷龍、Tang Tang 手作肉饅、COFFEE CASA、Caracalla、Gordies、WaGyu-Cafe Kapuka 彩虹吐司、Emerald Oceanside

❸ 系滿‧南城‧豐見城 ‧‧‧‧‧‧‧‧‧‧‧‧‧‧‧‧‧‧‧‧‧ 089

‧本區地圖

🏠 店家介紹 14 家

丸三冷物店、魚町屋 ぶぶか、風樹 CAFE、和だいにんぐ オホーツク、田舍家、ステーキハウスうっしっしい、POSILLIPO、壱蘭沖繩そば屋、燒肉居酒屋こてつ、Hawaiian Cafe Dining KOA、糸滿魚市場、玉泉洞自助餐、とんせん、仲善 Cafe Curcuma

④ 讀古・恩納 ······················· 113

・**本區地圖**

🏪 店家介紹 6 家

あけぼの弁当、BONES、花織そば、うるマルシェ、我空我空、かね食堂

⑤ 本部町・名護 ······················· 125

・**本區地圖**

🏪 店家介紹 6 家

ToTo la Bebe Hamburgers、許田休息站、石納格、名護漁港水產販賣所、潛水員牛排、LequioTerrace Kanna

⑥ 連鎖店 ······················· 137

🏪 店家介紹 17 家

沖繩とんかつ食堂しまぶた屋、肉御殿、串角、十勝、やっぱりステーキ、燒肉もとぶ牧場、Joyfull、我那霸、IKINARI STEAK、丸源ラーメン、Hamazushi はま寿司、Kura Sushi 無添壽司、スシロー 壽司、七輪燒肉安安、大根之花、Hotto Motto 便當店、からあげや カリッジュ炸雞

⑦ 連鎖超市 ······················· 179

🏪 店家介紹 5 家

MaxValu 超市、RYUBO 超市、San-A 超市、Town Plaza Kanehide 超市、UNION 超市

⑧ 飯店 ······················· 185

🏪 店家介紹 5 家

ALIVILA 日航度假酒店、那霸海洋酒店、沖繩馬海納健康度假酒店、Nest 酒店 Naha、沖繩凱悅那霸酒店

今天去哪玩？

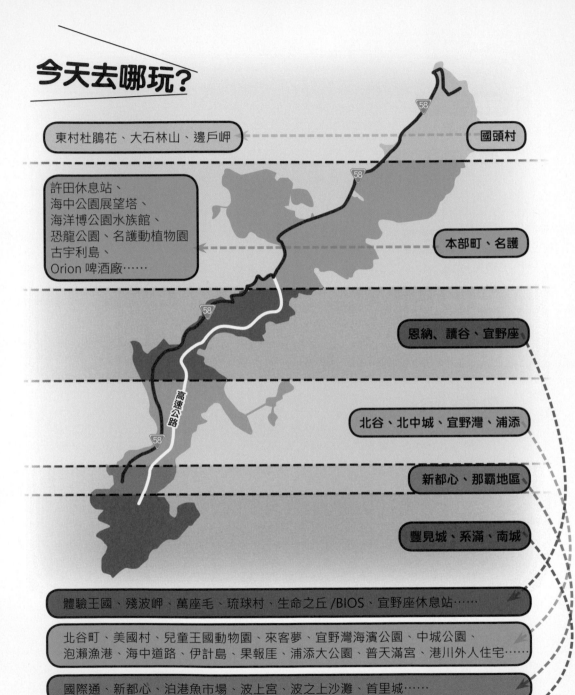

東村杜鵑花、大石林山、邊戶岬

國頭村

許田休息站、
海中公園展望塔、
海洋博公園水族館、
恐龍公園、名護動植物園
古宇利島、
Orion 啤酒廠……

本部町、名護

58

高速公路

58

恩納、讀谷、宜野座

北谷、北中城、宜野灣、浦添

新都心、那霸地區

豐見城、系滿、南城

體驗王國、殘波岬、萬座毛、琉球村、生命之丘 /BIOS、宜野座休息站……

北谷町、美國村、兒童王國動物園、來客夢、宜野灣海濱公園、中城公園、
泡瀨漁港、海中道路、伊計島、果報崖、浦添大公園、普天滿宮、港川外人住宅……

國際通、新都心、泊港魚市場、波上宮、波之上沙灘、首里城……

機場、瀨長島、OUTLET、玉泉洞、系滿魚市場、奧武島、新原海灘……

沖繩！いただきます！

那霸

居酒屋、燒肉、麵食、火鍋、咖啡廳、市場、冰店……

那霸
nest酒店 P.189

往國際通

P.14

單軌旭橋站

❷ P.144 ❸ P.51
❶ ❹ P.22 ❺ P.35
58

單軌壺川站

331

那霸機場

沖宮

單軌奧武山公園站

奧武山公園

單軌空港站

331

❻ P.16

231

單軌小祿站

329

往瀨長島、豐見城、系滿

P.56 ❽ ❼ P.62

231

單軌赤嶺站

❾ P.50

❶ 赤とんぼ
❷ 串角ターミナル店
❸ 甘味処 万丸Cafe
❹ あしどり泉崎
❺ わたんじ Watanji
❻ 鶏坊 小禄店
❼ 焼肉極上牛
❽ あけぼのラーメン中華料理
❾ 守礼そば

⬤ 推薦餐廳
⬤ 景點
⬤ 省道
⬤ 單軌
⬤ 飯店

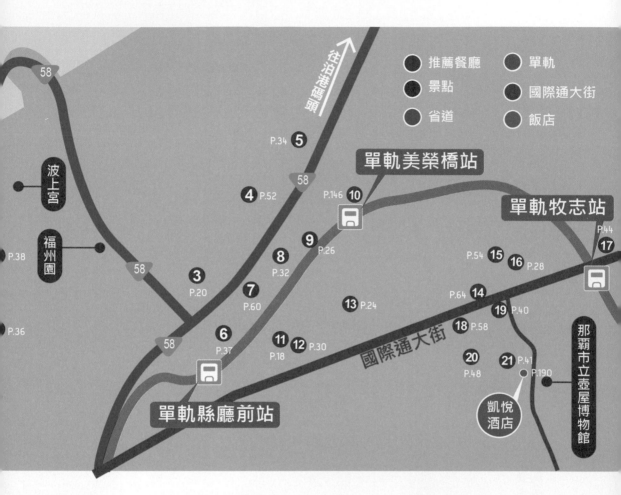

往泊港碼頭

58

58

P.34 ⑤

單軌美榮橋站

58

波上宮

福州園

P.38

④ P.52

P.146 ⑩

單軌牧志站

P.44

⑰

58

⑨

P.26

⑮ P.54 ⑯ P.28

③ P.20

⑧ P.32

⑬ P.24

P.64 ⑭

⑲ P.40

P.36

⑦ P.60

⑱ P.58

國際通大街

⑥ P.37

⑪ ⑫ P.30
P.18

⑳ P.48

㉑ P.41
P.190

那霸市立壺屋博物館

凱悅酒店

單軌縣廳前站

● 推薦餐廳　○ 單軌
● 景點　　　● 國際通大街
○ 省道　　　○ 飯店

❶ 88燒肉辻店
❷ 丸江の弁当
❸ Bal Co-Lab
❹ 燒肉東光園
❺ 串ぼうず(房'S)
❻ 本也拉麵
❼ おいで家

❽ 藁焼き 炭火炉端
❾ 餃子酒場 金五郎
❿ 十勝ホルモンKemuri
⓫ 筑前屋久茂地店
⓬ 地酒と炙りの 火人粋
⓭ 神戸BAR
⓮ 琉球王国市場

⓯ 焼肉 山ちゃんの部屋
⓰ 餃子屋・弐ノ弐
⓱ 沖繩どん亭
⓲ Ice Oasis
⓳ Cookiya
⓴ 牧志市場
㉑ Oyster Shack

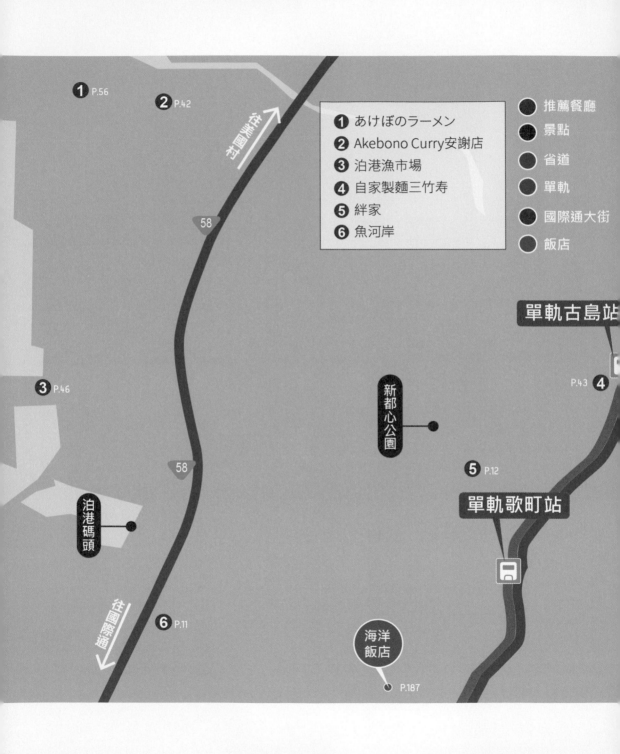

① P.56
② P.42

往港川村

① あけぼのラーメン
② Akebono Curry安謝店
③ 泊港漁市場
④ 自家製麺三竹寿
⑤ 絆家
⑥ 魚河岸

● 推薦餐廳
● 景點
● 省道
● 單軌
● 國際通大街
● 飯店

58

單軌古島站

③ P.46

P.43 **④**

新都心公園

⑤ P.12

單軌歌町站

58

泊港碼頭

往國際通

⑥ P.11

海洋飯店

P.187

魚河岸

OPEN
17:00~23:00

爽口

清爽的細麵條。

最佳搭檔

各式串燒配啤酒
剛剛好。

鮮美誘人

海鮮湯搭配鬆軟麵包。

在美榮橋附近的居酒屋，聽說是從築地來沖繩的老闆，目前已經是第三代在經營了，簡單的裝潢加上新鮮的食材，再加上本地的沖繩料理，如果有空你們也可以來用餐體驗看看唷！

地址：〒 900-0016 沖繩縣那霸市前島 2 丁目 7-11

いっぺ～
まーさん

跟著彭大去旅行，
你給幾顆心？

♡♡♡♡♡

谷歌地圖
QRCode

 098-867-6046 | Mapcode: 33 187 012*21 |  GOOGLE MAP: https://goo.gl/zZY7Cz

絆家

OPEN
11:30-14:00
18:00~01:00

在東京常常見到隱身在商業大樓裡面的居酒屋，

在沖繩反而比較少遇到，這是下班後跟著三五好友聚會的好地方。

雖說是居酒屋，菜色還真的算平價又好吃，重點是它的水果酒超豐富的，

很適合女孩子搭配下酒菜來享用唷！

好味道

松阪豬肉搭配柚子胡椒，
又是一道絕妙組合！

超絕配

培根捲串燒，包裹著番
茄超解膩，完美絕配。

いっぺ〜
まーさん
Delicious!!

清爽順口

熱熱的炒豆腐搭配蔬菜，吃
來清爽順口。

超濃起士

串燒，覆蓋著濃郁起司的
雞肉串。

地址：〒 900-0006 沖縄県那覇市おもろまち 4 丁目 8-9
　　　おもろまちフェイスビル
電話：098-943-8558
官網：kizunaya8558.gorp.jp
Mapcode：33 188 685*15
GOOGLE MAP：https://goo.gl/maps/J7RC2Zfoo272

跟著彭大去旅行，你給幾顆心？

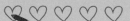

谷歌地圖 QRCode

那霸

北谷・宜野灣・浦添・泡瀬

系滿・豐見城・南城

讀谷・恩納

本部町・名護

連鎖店

超市

飯店

013

赤とんぼ

OPEN
17:30-01:00

這間店位於旭橋站旁邊，如果你剛好住在附近，
又是跟著旅遊團去，途中沒太多時間可以選擇餐廳，
那這家居酒屋就是你回到飯店後最方便的首選了。
來到這可以體驗日式風的居酒屋，
又可以吃到傳統的琉球料理。

超嫩

Q彈

下酒菜

營養好吃

牛肉沙拉，超嫩的牛肉片捲
起凱撒沙拉的完美結合。

牛肉切片，Q彈的口感，
令人一片接一片。

炸水雲，一種海藻類，通常用來涼
拌，用炸的酥脆涮嘴的下酒菜。

豬肋排佐整顆馬鈴薯，醬汁
香甜濃郁。

いっぺ〜
まーさん
Delicious!!

地址：〒900-0034 沖繩県那覇市東町11-19 東町ビル
電話：098-861-8565
官網：akatombonaha.gorp.jp
Mapcode：33 126 814*05
GOOGLE MAP：https://goo.gl/maps/4TDYkrmpoLu

谷歌地圖 QRCode

跟著彭大去旅行，你給幾顆心？

♡ ♡ ♡ ♡ ♡

鶏坊 小禄店

這一家店我在社團中隱藏很久了，因為我還沒有介紹就每天客滿，
現在我介紹了一定不得了。如果你喜歡吃名古屋的雞翅美食，
那你就一定會喜歡這家居酒屋，因為除了一般居酒屋有的菜色外，
這間店的雞翅膀真的太厲害了！

氣氛佳

口感好

特別香

幸福滿滿

Delicious!!

吧台座位區，很有日劇裡下班喝一杯的氛圍。

沖繩經典菜色，三層肉搭配沖繩豆腐。

肉餅串燒，攪和著蔥段與特殊的調味，是種特別的搭配。

招牌菜雞翅有三種口味，每一種都讓人吮指回味。

地址：〒901-0155 沖繩縣那霸市金城 2 丁目 11-4
電話：098-858-0175
預約：https://bit.ly/2HJEZXV
Mapcode: 33 095 606*58
GOOGLE MAP: https://goo.gl/maps/KrWgsYKYFd42

谷歌地圖 QRCode

跟著彭大去旅行，你給幾顆心？

筑前屋 久茂地店

知名的全日本連鎖居酒屋，料理當然都在水準之上，

但為什會特別吸引我呢？因為有我最喜歡的大腸鍋呀，

不輸台灣的臭臭鍋喔，哈哈哈～用這個名稱你們就比較容易理解了吧！

這裡一個人吃也適合喔。

超粉紅
粉紅色的調酒心情好。

好味道
醬料特別的大阪燒。

超豐盛
滿出來的大腸鍋。

好吃滿點
鐵板炒豬肉，很開胃。

いっぺ～まーさん
Delicious!!

地址：〒 900-0015 沖縄県那覇市久茂地 3 丁目 12-4 ラフテビル 1F

電話：098-917-2534

官網：chikuzenya.gorp.jp

Mapcode: 33 157 301*60

GOOGLE MAP:https://goo.gl/maps/rRTvenaXQS82

跟著彭大去旅行，你給幾顆心？

谷歌地圖 QRCode

Bal Co-Lab

這是吃宵夜、也是續攤的好場所！第一次來，直接點了七色拼盤，另外再加炸牛肉排。七色拼盤是意料之中的美味，但炸牛排真的讓我驚艷，強力推薦大家，真的要來二份喔！

 肉多多

炸牛排、德國香腸、炸豬排……肉食主義不能放過的一道菜。

那霸松山店
地址：〒 900-0032 沖繩縣那霸市松山 1 丁目 7-11F 松山ガーデンビル
電話：098-863-3571
官網：barcolabnikunaha.favy.jp
Mapcode: 33 156 530*86
GOOGLE MAP：https://goo.gl/maps/fRyFU1aDmbE2

跟著彭大去旅行，你給幾顆心？

♡ ♡ ♡ ♡ ♡

谷歌地圖 QRCode

OPEN
18:00-01:00（一～四）
17:00-01:00（五～六）

品質佳

愛吃肉的人看到這一盤，肯定尖叫加微笑。

好滋味

沖繩苦瓜就是多了一份特別滋味。

不陌生的菜色「苦瓜鑲肉」，但用

那霸

北谷・宜野灣・浦添・泡瀬

系滿・豐見城・南城

讀谷・恩納

本部町・名護

連鎖店

超市

飯店

那霸國際通店

地址：〒 900-0013 沖繩縣那霸市牧志 3 丁目 11-12
電話：098-975-7212
官網：ryukyunikubal-naha.gorp.jp
Mapcode：33 158 422*42
GOOGLE MAP：https://goo.gl/maps/J7B3Ca268Jz

跟著彭大去旅行，你給幾顆心？

 ♡ ♡ ♡ ♡

谷歌地圖 QRCode

あしどり泉崎

這是一家選擇很多的日式居酒屋，每次去都高朋滿座，

也是三五好友聚餐的適合場所，

非常適合晚上想來點消夜或是呼朋引伴一起相聚的地方。

有熱湯、有串燒，有各式酒類，

來這一家店有多種選擇很划算。

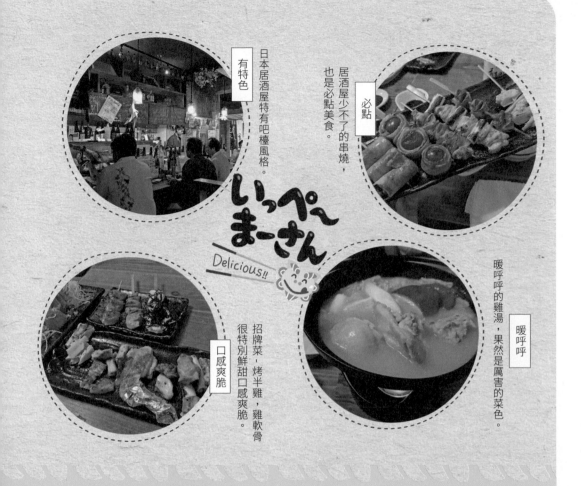

日本居酒屋特有吧檯風格。

有特色

居酒屋少不了的串燒，
也是必點美食。

必點

暖呼呼的雞湯，果然是厲害的菜色。

暖呼呼

招牌菜－烤半雞，雞軟骨
很特別鮮甜口感爽脆。

口感爽脆

いっぺ〜
ま〜さん

Delicious!!

地址：〒 900-0021 沖縄県那覇市泉崎 1-16-1
電話：098-867-2716
官網：ashidori.zashiki.com
Mapcode：33 126 825*62
GOOGLE MAP：https://goo.gl/maps/Lth3GDC9FXA2

谷歌地圖 QRCode

跟著彭大去旅行，你給幾顆心？

神戶 BAR

OPEN
17:00-23:00
周一休

舌尖上的美味，一個藏身於巷弄中的餐廳，
讓你重新認識石垣牛與神戶牛的美味。你說這是餐廳嗎？
他有著濃濃的爵士風情，吧台上調酒種類之多，
將會出乎你意料之外。

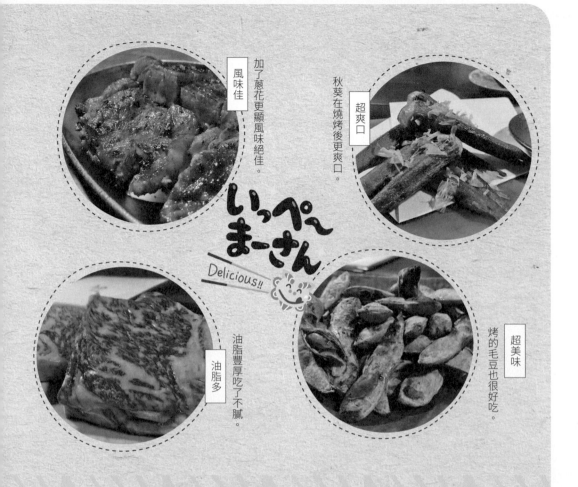

加了蔥花更顯風味絕佳。

風味佳

秋葵在燒烤後更爽口。

超爽口

油脂豐厚吃了不膩。

油脂多

烤的毛豆也很好吃。

超美味

いっぺ〜まーさん

Delicious!!

地址：〒 900-0013 沖繩縣那霸市牧志 1 丁目 1-14 安木
　　　屋ビル 1F
電話：098-869-8883
官網：kobebarnakanaka.gorp.jp
Mapcode：33 157 429*11
GOOGLE MAP：https://goo.gl/maps/mxge35t18DG2

谷歌地圖 QRCode

跟著彭大去旅行，你給幾顆心？

餃子酒場 金五郎

一個人肚子餓的時候我也會跑來這家店,有炒飯、有炒菜、

有煎餃,有酒、有肉、還有擔擔麵,我都搞不清楚來吃飯還是來喝酒了,

真的是很推薦三五好友來小聚一下的地方喔。

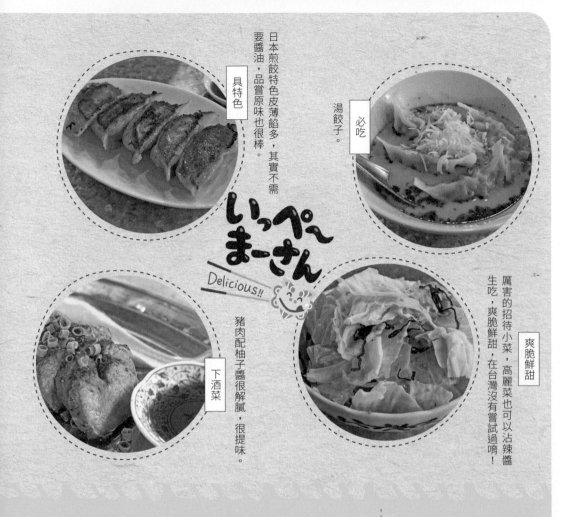

日本煎餃特色皮薄餡多，其實不需要醬油，品嘗原味也很棒。

具特色

湯餃子。

必吃

いっぺ～まーさん

Delicious!!

屬害的招待小菜，高麗菜也可以沾辣醬生吃，爽脆鮮甜，在台灣沒有嘗試過唷！

爽脆鮮甜

豬肉配柚子醬很解膩，很提味。

下酒菜

地址：〒 900-0015 沖繩縣那霸市久茂地 2 丁目 18-21 リバーサイド ヤベ 1F

電話：050-5570-8863

Mapcode：33 157 634*27

GOOGLE MAP：https://goo.gl/maps/HMTXhM9YcZr

谷歌地圖 QRCode

跟著彭大去旅行，你給幾顆心？

餃子屋・弐ノ弐

那覇店

營業時間：17:00-00:00

地址：〒 900-0013 沖繩縣那霸市牧志 2 丁目 4-7

電話：098-867-4322

官網：ninoni.jp

Mapcode：33 157 569*64

GOOGLE MAP：https://goo.gl/maps/yUX8jmbtMNM2

谷歌地圖 QRCode

這是一間物美價廉常客滿的居酒屋，店名雖是餃子館，但實際上也算居酒屋。帶小孩來吃飯其實很方便，有炒飯有湯麵還有各式沖繩料理，缺點就是沒有禁菸。爸爸媽媽們要趁上班族還沒下班，下午五點多開門就去吃比較適合。那霸市有兩間可以選擇。

好吃

美味

嚼勁十足

招牌菜餃子，是必點菜色，皮薄餡多，煎的焦香相當可口。

炸餃子滴些檸檬風味絕佳。

腰果炒肉很特別。

牧志店

營業時間：17:00-00:00
地址：〒 900-0013 沖繩県那霸市牧志 3 丁目 13-10
電話：098-868-7922
官網：ninoni.jp
Mapcode：33 158 484*14
GOOGLE MAP：https://goo.gl/maps/JPV1taSCfaP2

跟著彭大去旅行，你給幾顆心？

谷歌地圖 QRCode

地酒と炙りの 火人粋（ひといき）

OPEN
17:30-01:00 (平日)
周日休息

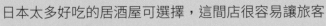

日本太多好吃的居酒屋可選擇，這間店很容易讓旅客
看到門口的裝潢就止步，擔心走進去肚子飽了、口袋也空了。
不過其實門口都有菜單，如果擔心超過預算，
大家可以在門口先翻兩下再決定要不要進去，
不過這家價位適中，大家可安心入內用餐喔！

口感佳

牛肉握壽司口感超特別。

大滿足

雞肉去骨一口吃下
滿足口腹之欲。

いっぺ〜まーさん

Delicious!!

超過癮

多汁的牡蠣，一口吞下
更過癮。

多種選擇

有多種新鮮海鮮可選擇，
入口銷魂讚不絕口。

地址：〒 900-0015 沖繩縣那霸市久茂地 3 丁目 12-18
預約：https://bit.ly/2FpRENW
電話：098-860-5211
Mapcode：33 157 301*60
GOOGLE MAP：https://goo.gl/maps/DhTzhYyGXZD2

跟著彭大去旅行，你給幾顆心？

谷歌地圖 QRCode

藁焼き 炭火炉端

有陣子常推薦大家去新都心的某居酒屋，
後來朋友帶我來這一間之後我才發現，原來平價又好吃的居酒屋在沖繩有好
多家。這裡有生魚片、炭烤、沖繩料理等，幾乎什麼都有，
也有包廂可以讓你們跟朋友聚會唷！

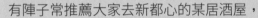

超鮮美

大牡蠣鮮美多汁，配上蔥花讓味道更凸顯。

必吃

來到這一定要吃的生魚片拼盤。

いっぺ～まーさん

Delicious!!

甜蜜

除了料理之外還有美味甜點。

肉質佳

魚的肉質鮮美，各種烹調法都適合。

地址：〒 900-0015 沖縄県那霸市久茂地 2 丁目 13-14 ヨロピアンビル 1F-2F
官網：wassyoifamily.com
電話：098-988-8501
Mapcode：33 157 661*60
GOOGLE MAP：https://goo.gl/maps/Zfk4KL5Xguj

跟著彭大去旅行，你給幾顆心？

谷歌地圖 QRCode

串ぼうず（房'S）

多樣選擇

各式串燒配啤酒
都很搭。

好吃不膩

串燒

炸雞配上檸檬汁鹹中帶酸不
膩口。

有各式串燒可供選擇，
雞牛豬均有。

一個隱藏在轉角的小居酒屋，店內只有 5 張
桌子再加上吧檯的 3 個座位，不大的空間裡
總是客滿，去了五次只有二次有位置，所以
想去的朋友建議冷門時段去才能吃到，若二
至三位朋友一起小聚，是很舒服的地方。

地址：〒 900-0016 沖繩縣那霸市前島 3 丁目 6-1
官網：kusibous.ti-da.net

いっぺ～
まーさん

跟著彭大去旅行，
你給幾顆心？

谷歌地圖
QRCode

📞 098-861-5574 | 📍 Mapcode: 33 187 062*06 | 📶 GOOGLE MAP: https://goo.gl/maps/QE1N7BsXpoK2

わたんじ Watanji

OPEN
17:00-01:00

必點

烤雞翅也是居酒屋必點。

大滿足

蛋捲在美味大餐中有
畫龍點睛的作用。

瘦肥適中

松阪豬肉瘦肥適中，
齒頰留香。

假使餐廳沒有中文菜單，全是日文看不懂該
怎麼辦？難道要直接菜單來一輪嗎？當然不
用～只要用谷歌地圖找出餐廳位置，看著裡
面的照片來點餐就好了。這裡好吃，不貴！
誰說一定要有人推薦才能去吃飯？偶爾自己
亂亂闖也會有意外的驚喜唷！

地址：〒 900-0021 沖繩縣那霸市泉崎 1 丁目 7-19
預約：https://bit.ly/2HAvtXQ

いっぺ～
まーさん

跟著彭大去旅行，
你給幾顆心？

♡♡♡♡♡

谷歌地圖
QRCode

📞 098-861-8753　｜　📍 Mapcode: 33 126 829*86　｜　📶 GOOGLE MAP: https://goo.gl/maps/1Jxykm6n18v

丸江の弁当

OPEN
04:30-15:00
週日公休

種類多

各式便當琳瑯滿目。

住那霸，吃早餐免煩惱！想到飯糰要排隊在頭痛嗎？看膩了都是飯糰文嗎？
這裡可以品嘗真正的沖繩味。如果你趕時間，想帶著「沖繩飯糰」加便當在車上吃，或者一個人出遊，不想大吃大喝，便當都是很好的選擇喔！

地址：〒 900-0033 沖繩縣那霸市久米 1 丁目 25-9

いっぺ～
まーさん

跟著彭大去旅行，
你給幾顆心？

♡ ♡ ♡ ♡ ♡

谷歌地圖
QRCode

📞 098-868-3322 | 📍 Mapcode: 33 155 354*84 | 🛜 GOOGLE MAP: https://goo.gl/maps/SsXojXtsAnH2

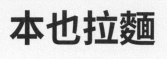

本也拉麵

超好找

湯頭相當濃郁的招牌本也拉麵，叉燒有嚼勁。

分店資訊：

1. 牧港店
營業時間：11:00~24:00
☎ 098-943-9875
Mapcode：33 341 579*22

2. 名護店
營業時間：11:00~22:00
☎ 0980-53-7074
Mapcode：206 627 619*47

3. 銘苅店
營業時間：11:00~05:00
☎ 098-862-0401
Mapcode：33 219 496*25

久茂地店

有超濃豬骨湯底！搭單軌就可以到。這是一個好特別的室內空間，牆上有各種顏色磚頭的拼貼。牆上有衣架，如果有外套的朋友，可以掛起來，是不是超貼心呢！還可以看著廚師現做餐點，非常有參與感。

地址：〒 900-0015 沖繩縣那霸市久茂地 2 丁目 1-1

いっぺ～まーさん

跟著彭大去旅行，你給幾顆心？

♡ ♡ ♡ ♡ ♡

谷歌地圖 QRCode

☎ 098-943-3302 | Mapcode: 33 156 323*26 | 🛜 GOOGLE MAP: https://goo.gl/maps/YWSACnUWCt82

88 燒肉辻店

OPEN
18:00-00:00

這是一間燈光美、氣氛佳的燒肉店，有單點的品項、
也有吃到飽的選擇，我個人比較喜歡吃單點的，
因為可以選擇自己喜愛的菜色。但如果你食量比較大，
當然選擇吃到飽較實際，
不過品質和選擇就沒有單點的精采囉！

超新鮮

牛舌，這是一道必點美食，新鮮脆口。

好營養

蔬菜拼盤，在滿滿的燒肉中，扮演著重要的角色。

いっぺ〜まーさん

Delicious!!

高人氣

雞軟骨，清脆的口感，恰到好處的醬油口味。

清脆好吃

牛舌上有滿滿的蔥，相得映彰。

地址：〒 900-0037 沖縄県那覇市辻 2 丁目 8-21
官網：s88.co.jp
Mapcode: 33 155 594*20
GOOGLE MAP :https://goo.gl/maps/W6GscoBKnZR2

跟著彭大去旅行，你給幾顆心？

谷歌地圖 QRCode

Cookiya

兩種湯頭可以任選，肉片皆為吃到飽。

街景美

臨窗而坐，不管是白天或晚上來都可以看到人來人往的國際通街景。

便當價格的涮涮鍋就在那霸國際通街上，讓你花不到日幣一千元就可以吃到飽！湯底有三、四種可以選擇，亦有多種肉類，晚上也有供應燒肉，都很便宜唷！如果你預算有限，但是又想吃肉喝湯到飽，這家餐廳就可以列入考慮了！

地址：〒 900-0013 沖繩縣那霸市牧志 3 丁目 2-3 針嶺クリスタル

いっぺ～まーさん

跟著彭大去旅行，你給幾顆心？

♡ ♡ ♡ ♡ ♡

谷歌地圖 QRCode

 098-868-5589 | 📍 Mapcode: 33 157 447*10 | 🛜 GOOGLE MAP: https://goo.gl/maps/p89nPaB8jsp

OPEN
17:30-01:00

Oyster Shack
かき小屋

飽滿肥美

每一顆都飽滿肥美。

炭火烤

新鮮直送的牡蠣，用炭火烤
最對味。

這是一間在沖繩比較少見的生蠔碳烤料理，一走到門口不用猜就知道是賣生蠔的店，因為門口已經有滿滿的生蠔吸引著你們的目光。類似海鮮燒烤店，讓除了吃生蠔，也可以吃到燒肉唷！

地址：〒 900-0013 沖繩縣那霸市牧志 3 丁目 2-37
官網：kaki-goya.com

いっぺ～
まーさん

跟著彭大去旅行，
你給幾顆心？

♡ ♡ ♡ ♡ ♡

谷歌地圖
QRCode

📞 050-3184-1060 | 📍 Mapcode: 33 157 238*33 | 📶 GOOGLE MAP: https://goo.gl/maps/3iauHuXhJYT2

Akebono Curry
安樹店

OPEN
11:00-15:00
週四公休

明亮空間

寬敞明亮的空間。

趣味

簡易小巧的自助投幣點餐機。

手作

有手工餅乾和
小物販售。

這間的咖哩飯很好吃，就位於那霸市區附近，營業時間很短，上午 11 點到下午三點。不過停車位只有一個，有些難搶。店內採投幣式點餐，共四張桌子而已，吃著好吃的咖哩飯，搭配小野麗莎的音樂，蠻舒服的。

地址：〒 900-0002 沖繩縣那霸市曙 2 丁目 9-12

いっぺ〜
まーさん

跟著彭大去旅行，
你給幾顆心？

谷歌地圖
QRCode

📞 070-5537-0087 | 📍 Mapcode: 33 247 402*16 | 📶 GOOGLE MAP: https://goo.gl/maps/sdSoLfs2QFP2

自家製麵 三竹寿

OPEN 11:00-21:00

多種嘗試

每個桌上都有許多調味料，可以先品嘗原味後再試試其他口味。

Q彈有力

麵條可以選冷麵或是熱麵，冷麵較Q彈有嚼勁，熱麵較柔軟。

久仰「沾麵」大名，有好多味道的變化，麵條可以選擇熱麵或冷麵，冷麵口感超Q扎實、熱麵口感柔軟彈性，都是嚼勁十足！調味料依照個人喜好來選擇，不過建議先吃原味再試試看加入其他調味料會有多層次的奇妙味道。

地址：〒900-0004 沖縄県 那覇市銘苅1丁目19-1 アクロスプラザ古島駅前店本館2F

官網：3chikuju.com

いっぺ～まーさん

跟著彭大去旅行，你給幾顆心？

谷歌地圖 QRCode

📞098-868-8933 | 📍Mapcode: 33 219 103*40 | 📶GOOGLE MAP: https://goo.gl/maps/5HnkYWr6a5U2

沖縄どん亭

牧志店
營業時間：24 小時營業
地址：〒 900-0013 沖縄県那覇市牧志 2 丁目 1-6
官網：dontei.jp
Mapcode：33 157 503*63
GOOGLE MAP：https://goo.gl/maps/T6rdb9AZcmQ2

安里店
營業時間：24 小時營業
地址：〒 902-0067 沖縄県那覇市安里 1 丁目 1-58
官網：dontei.jp
Mapcode：33 158 641*66
GOOGLE MAP：https://goo.gl/maps/PUs8Cst4HB42

谷歌地圖 QRCode

這間平民食堂是 24 小時的連鎖店，
如果半夜或是一大早要趕飛機，
又不想吃便利商店的話，
沖繩どん亭是你方便的好鄰居，
讓預算有限的你可以吃的開心、
吃得滿足。

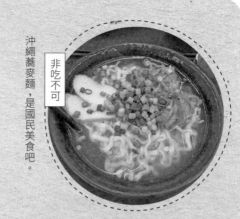

沖繩蕎麥麵，是國民美食吧。

非吃不可

美味可口濃郁的咖哩飯。

口感滿足

套餐，有飯有麵，這一套超滿足。

大滿足

沖大前店
營業時間：24 小時營業
地址：〒 902-0077 沖繩県那霸市長田 1 丁目 24-20
電話：098-832-9048
官網：dontei.jp
Mapcode：33 099 548*03
GOOGLE MAP：https://goo.gl/maps/GstYKgsRF5E2

跟著彭大去旅行，你給幾顆心？

谷歌地圖 QRCode

泊いゆまち（泊港漁市場）

OPEN
07:00-17:00

那霸市區唯一有機會看到鮪魚秀的市場就在這了，
每天都有新鮮的魚貨上岸，遊客可以在這裡現點現煮，
也可以現買現吃，若你很愛吃海鮮，
可以用很經濟的價位吃到很高檔的食材，
是一個讓你流連忘返的地方。

生魚片拼盤。

哇！

超威！

住宿的朋友，可以買一隻龍蝦加菜，一定超威。

いっぺ〜まーさん

Delicious!!

焗烤

焗烤龍蝦，烤鰻魚。

熱食

除了魚市場，還有賣熱食的店家，很多當地上班族也會來這裡用餐。

地址：〒 900-0001 沖縄県那覇市港町 1 丁目 1-18
電話：098-868-1096
官網：tomariiyumachi.com
Mapcode：33 216 086*26
GOOGLE MAP：https://goo.gl/maps/1GoxvWnz48R2

谷歌地圖 QRCode

跟著彭大去旅行，你給幾顆心？

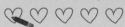

第一牧志公設市場

OPEN
08:00-21:00

這是每一位遊客來到國際通必定去逛的地方，裡面有生鮮市場、有日本的南北雜貨，還有小巷弄內的個性小舖。可惜的是在我們新書出版過一個月它也開始整建工程，我們只好拭目以待吧！

【搬遷公告】
目前的牧志公設市場照常營業至：2019 年 6 月 16 日
暫停營業：2019 年 6 月 17 日～6 月 30 日（2 週）
臨時市場（にぎわい広場）：2019 年 7 月 1 日（約 3 年）

臨時市場谷歌地圖 QRCode

選擇多

海鮮有多種選擇。

果物店

這裡還有賣水果。

應有盡有

想買生鮮或乾糧這裡都買得到。

各式涼拌

海鮮涼拌直接買回家吃。

地址：〒 900-0014 沖繩県那霸市松尾 2 丁目 10-1
電話：098-867-6560
官網：https://kosetsu-ichiba.com
Mapcode：33 157 264*64
GOOGLE MAP：https://goo.gl/maps/sE2F2qXGmvT2

谷歌地圖 QRCode

跟著彭大去旅行，你給幾顆心？

守礼そば

有嚼勁

招牌的沖繩軟骨麵，煮到入口即化的肋排，Q彈有嚼勁的麵條。

口感綿密

豬腳麵，跟印象中的台式豬腳很不一樣，口味較清爽，但相同的是燉到軟爛綿密。

大滿足

守礼そば麵三層肉煮物套餐，滷得超入味，搭配沖繩道地炊飯，大碗滿足。

老字號的沖繩麵在這裡可以吃得到，有懷舊的用餐環境、道地的沖繩料理再加上每天中午十二點到兩點演唱的歌曲「島唄（SHIAM UTA）」，讓人一吃成主顧。

地址：〒 901-0145 沖繩県那覇市高良 3 丁目 7-27
官網：https://syureisoba-okinawaryouri.gorp.jp

いっぺ〜まーさん

跟著彭大去旅行，你給幾顆心？

♡♡♡ ♡♡ ♡♡

谷歌地圖
QRCode

📞 098-859-1155 | 📍 Mapcode: 33 064 222*48 | 📶 GOOGLE MAP: https://goo.gl/maps/wobADLRXDGF2

甘味処 万丸 Cafe

OPEN
07:30-14:00 (平日)
07:00-12:00 (周日)

很營養

最簡便

熱呼呼

水煮蛋，焗烤土司，花生豆
腐，沙拉，令人滿足的輕食
早餐。

這是日本人喜歡的
早餐，簡單的吐司
配上奶油與紅豆。

早餐一定不能
少的熱咖啡。

這是在沖繩少見的早餐餐廳，無論是一個人
也好、呼朋引伴也好，只要一杯簡單的咖
啡、幾片烤過的吐司和一盤精緻的沙拉，就
能讓你人有活力滿滿的一大。

地址：〒 900-0021 沖繩縣那霸市泉崎 1 丁目 9-7
官網： manmaru3.ti-da.net

いっぺ〜
まーさん

跟著彭大去旅行，
你給幾顆心？

谷歌地圖
QRCode

📞 098-867-2593　|　📍 Mapcode: 33 156 048*66　|　📶 GOOGLE MAP: https://goo.gl/maps/tSJSNg4oJvT2

燒肉東光園

松山本店

營業時間：19:00 ～ 05:45

地址：〒 900-0032 沖繩県那覇市松山 2 丁目 10-1

電話：098-869-1815

Mapcode：33 156 806*51

GOOGLE MAP：https://goo.gl/maps/wnhEp41yNmq

谷歌地圖 QRCode

在那霸市區有兩家分店的燒肉店，一間在國際通巷內、一間在松山區。如果深夜睡不著想吃燒肉，你可以到營業至凌晨五點半的松山本店。本店適合單身旅行或者是小鳥胃的旅客。

特色飯

風味佳

品質好

拌飯配燒肉是絕配。

帶點脂肪的肉吃起來更有嚼勁。

量雖不大但質很佳的牛肉片。

燒肉東光園 國際通店
營業時間：18:00-00:30
地址：〒 900-0013 那霸市牧志 2 丁目 5-7
電話：098-869-1815
Mapcode：33 157 599*65
GOOGLE MAP：https://goo.gl/maps/Jyk5RYBLmUt

跟著彭大去旅行，你給幾顆心？

    ♡

谷歌地圖 QRCode

焼肉 山ちゃんの部屋
国際通り店

OPEN
15:00-24:00

這家店只使用三種肉，石垣牛、本部牛、國產黑毛和牛，
牛的品項是看當天進貨的內容，無法指定肉品。
吃素食的朋友，可以單點它的冷麵，素食的也可以吃，
不吃牛的朋友，可以點雞肉或是豬肉的套餐唷！！！

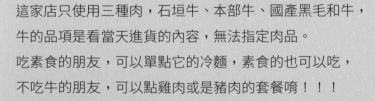

軟嫩多汁的石垣牛。

香噴噴

店內用餐空間明亮舒適。

超寬敞

烤布蕾在燒得滾燙的石頭鍋裡，非常特殊的吃法，有焦糖香氣。

食指大動

吃過這裡的厚切牛舌，很容易被寵壞！

貨真價實

いっぺ～
まーさん

Delicious!!

地址：〒 900-0013 沖繩縣那霸市牧志 2-3-17 1F
電話：098-863-2900
官網：https://yakinikuyamachannoheya.gorp.jp/
Mapcode：33 157 568*16
GOOGLE MAP：https://goo.gl/maps/H8aYVAMvM6k

谷歌地圖 QRCode

跟著彭大去旅行，你給幾顆心？

あけぼのラーメン 中華料理

小禄店
営業時間：10:00-23:00
地址：〒901-0154 沖縄県那覇市赤嶺1丁目4-3
電話：098-857-4101
Mapcode：33 064 743*82
GOOGLE MAP：https://goo.gl/maps/Cb19a4gYag72

泊港店
営業時間：10:30-22:30 周三休
地址：〒900-0002 沖縄県那覇市曙3丁目20-28
電話：098-863-1807
Mapcode：33 247 421*41
GOOGLE MAP：https://goo.gl/maps/dhnFe1eWkn42

谷歌地圖 QRCode

或許有人會說，都來到日本了，怎麼還吃中華料理，在這裡吃到的中華料理跟在台灣吃到的不太一樣，應該說是有種特別的「日本味」，尤其是中華料理經典菜色之一的「麻婆豆腐」，吃起來有家鄉味的感覺，簡單的青菜炒肉片，加上一碗蛋花湯，一大碗的白飯，吃好吃飽，只要日幣 700 圓。

炒飯粒粒分明又入味，超好吃。

粒粒分明

中華料理必點之經典菜色——餃子。

特色

麻婆豆腐套餐，很下飯的一道中華料理，可以把一整碗飯都吃光光。

家鄉味

日橋店
營業時間：10:00-20:00
地址：〒 902-0073 沖繩縣那霸市上間 222
電話：098-894-6867
官網：business.site
Mapcode：33 100 509*07
GOOGLE MAP：https://goo.gl/maps/AythExA3cFw

跟著彭大去旅行，你給幾顆心？

 ♡ ♡ ♡ ♡

谷歌地圖 QRCode

Ice Oasis

這是一家開在驚安殿堂五樓的冰店，

也是台灣人去沖繩創業的一家店，所以結合了沖繩跟台灣味，

如果全家去驚安殿堂逛街，冰店老闆做了一個小小的遊戲區，

如果媽媽去逛街，爸爸可以帶小孩去五樓吃冰跟休息唷！

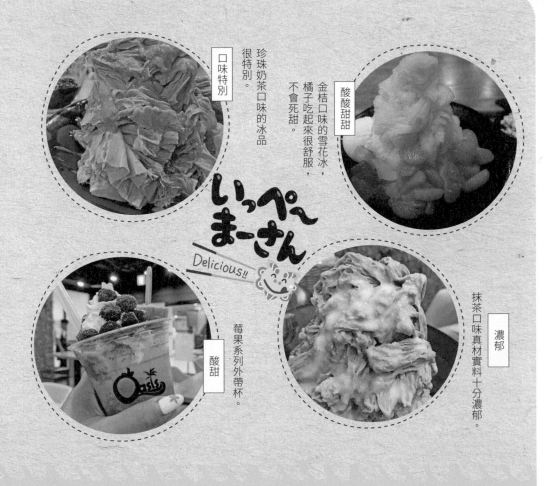

口味特別

珍珠奶茶口味的冰品很特別。

酸酸甜甜

金桔口味的雪花冰，橘子吃起來很舒服，不會死甜。

いっぺ〜
まーさん
Delicious!!

濃郁

抹茶口味真材實料十分濃郁。

酸甜

莓果系列外帶杯。

地址：〒900-0014 沖縄県那覇市松尾2丁目8-19 国際
　　　通りドンキホーテ 5F

電話：098-988-8689

官網：https://smapano2.com/cafe/iceoasis/

Mapcode: 33 157 412*77

GOOGLE MAP:https://goo.gl/maps/MNTDL2v26eN2

跟著彭大去旅行，你給幾顆心？

谷歌地圖 QRCode

おいで家 久茂地本店

OPEN
11:30-14:00
17:00-23:30
周一休

鉄板焼専門店
石垣牛　アグー豚
ホルモン　お好み焼
おいで家
オリオンビール

おいで家

在沖繩吃大阪燒，很妙吧！這一家大阪燒，自己不用燒～～～
他們都幫你燒好了！桌上的鐵板，只是保溫用而已，
讓你吃得方便、吃得輕鬆，小鏟子也可以使用一下過個乾癮！
座位區還可以放躺小孩，蠻適合帶小孩來用餐。

搭配得宜

洋蔥上一抹辣椒搭配的剛剛好。

很新鮮

新鮮的蝦仁配上蔥花好入口。

いっぺ〜まーさん

Delicious!!

最佳配角

蛋捲撒上料理粉更襯托出香氣。

超豐盛

大阪燒是本店主要料理。

地址：〒 900-0015 沖縄縣那覇市久茂地 2 丁目 7-21

電話：050-3463-1176

官網：oideya.gorp.jp

Mapcode: 33 156 506*66

GOOGLE MAP https://goo.gl/maps/HAyvh6t1psq

跟著彭大去旅行，你給幾顆心？

♡ ♡ ♡ ♡

谷歌地圖 QRCode

燒肉極上牛

這裡有【彭大家族】限定版的套餐,菜單上面沒有唷!
建議 2 位以上的人來用餐,可以點個套餐,有牛里肌、五花菲力、肋眼、阿
古里肌肉、阿古豬五花、蒜蓉燉雞、海帶芽湯、韓式小菜、時蔬野菜等等,
搭配上好吃的日本米飯,飯後還有冰淇淋,這樣兩人才 9,000 日圓喔。如果
食量比較大,在依照自己的口味加點肉品即可!

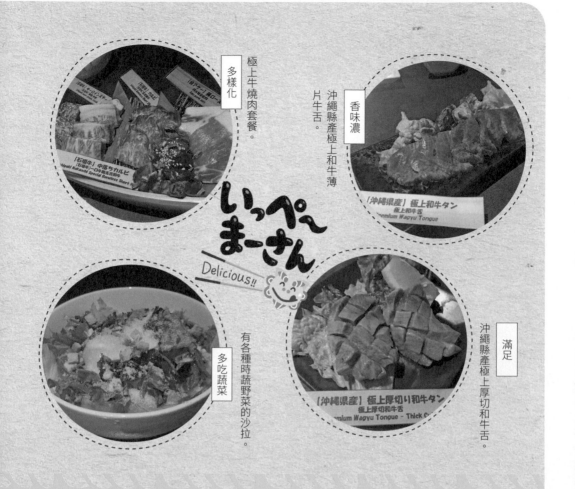

極上牛燒肉套餐。

多樣化

沖繩縣產極上和牛薄片牛舌

香味濃

有各種時蔬野菜的沙拉。

多吃蔬菜

沖繩縣產極上厚切和牛舌。

滿足

いっぺ〜まーさん
Delicious!!

地址：〒 901-0156 沖縄県那覇市田原（字）3 丁目 7-2
電話：098-851-4129
官網：gokujougyu.co
Mapcode：33 065 781*12
GOOGLE MAP：https://goo.gl/maps/fHkjghPwZUG2

谷歌地圖 QRCode

跟著彭大去旅行，你給幾顆心？

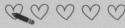

琉球王国市場

OPEN
11:00-23:00

這裡有日本獨特的食物、傳統和文化，很新，

於 2018 年 12 月才開幕的，共有五十家商店，

當中不光只有沖繩的食物，

還有好多日本其他地方的美食，眼花瞭亂的，

是不是看起來每一道都想吃！？

超經典

日系經典甜點之鯛魚燒。

多種類

串燒類的食物。

いっぺ〜
まーさん

Delicious!!

圓滾滾

章魚燒各個圓潤飽滿。

香噴噴

現烤波羅麵包香氣逼人。

地址：〒 900-0013 沖縄県那覇市牧志 2-2-30
電話：098-975-7781
官網：r451market.jp
Mapcode：33 157 506*37
GOOGLE MAP：https://goo.gl/maps/Ph3wVDjLME42

跟著彭大去旅行，你給幾顆心？
♡ ♡ ♡ ♡ ♡

谷歌地圖 QRCode

沖縄！いただきます！

北谷・宜野灣・
浦添・泡瀬

推薦餐廳
景點
省道
高速公路

往恩納

宮城海岸

① P.84
② P.81
③ P.69
④ P.74
⑤ P.82

北谷

330

往海中道路

329

⑨ P.75

宇流麻市

⑩ P.76

日落沙灘

⑥ P.86
⑦ P.70

北谷

⑧ P.88

58

宜野灣海濱公園

⑪ P.78

58

330

港川外人住宅

沖繩自動車道（高速公路）

宜野灣

58

P.72

⑫
⑬ P.80

浦添

浦添大公園

330

330

① Gordie's 漢堡
② COFFEE CASA
③ Café Enjoy
④ Transit Cafe
⑤ Caracalla 彩虹貝果
⑥ WaGyu-Café Kapuka 彩虹吐司
⑦ Tony Roma's
⑧ Emerald Oceanside
⑨ 泡瀨漁港直賣店
⑩ Garyu-ya
⑪ 北谷龍
⑫ 海的女神
⑬ Tang Tang 手作肉饅

OPEN
07:00-17:00

Café ENJOY!

真材實料

超滿意

潛艇堡裡的蔬菜新鮮爽脆。

有甜的鬆餅，有鹹的潛艇堡，還有新鮮生菜與咖啡，不管是早餐或是午餐都超滿足。

咖啡廳位在 Hotel Sunset American 美國日落酒店一樓，就在海邊，環境優美，人也不多，除了樓上住宿的旅客之外，就是來海邊遊玩的人了，這裡離美國村不遠，如果想在逛街之前喝咖啡、吃早午餐的人可以來喔！

地址：〒 904-0113 沖繩縣中頭郡北谷町宮城 2-46
（ホテルサンセットアメリカン內 1F）
官網：cafe-enjoy.business.site

いっぺ～まーさん

跟著彭大去旅行，
你給幾顆心？

♡ ♡ ♡ ♡ ♡

谷歌地圖
QRCode

📞 098-936-2123 | 📍 Mapcode: 33 584 104*84 | 📶 GOOGLE MAP: https://goo.gl/maps/5gLLAXbLhHn

Tony Roma's

位於美國村內的美式餐廳有提供道地的美式肋排，
讓你有種置身在美國的感覺。
無論是燒烤豬肋排、洋蔥圈、炸花枝，
還是布朗尼加香草冰淇淋，吃完能得到大大的滿足！

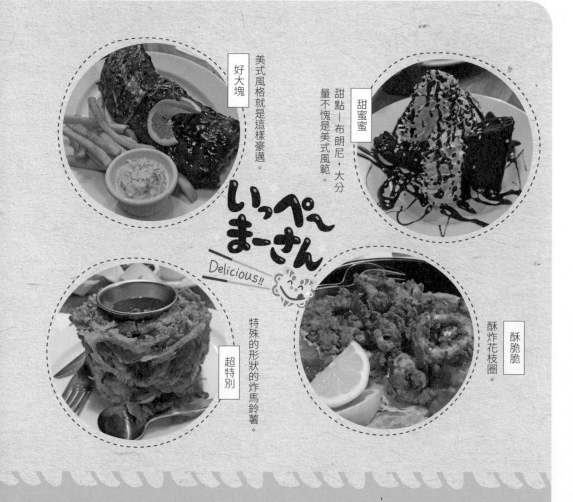

好大塊

美式風格就是這樣豪邁。

甜蜜蜜

甜點—布朗尼，大分量不愧是美式風範。

いっぺ～まーさん

Delicious!!

超特別

特殊的形狀的炸馬鈴薯。

酥脆脆

酥炸花枝圈。

地址：〒 904-0115 沖繩県中頭郡北谷町美浜 8-7

電話：098-982-7800

官網：tonyromas.com

MAP CODE：33 526 332*61

GOOGLE MAP：https://goo.gl/maps/KoerJKkbYDF2

跟著彭大去旅行，你給幾顆心？

谷歌地圖 QRCode

071

海的女神

這間店位在港川外人區，是一家走文青風的小店。

走進店裡會以為置身在一間精品小鋪中，再走進包廂裡又好像回到家裡，

時間就好像在窗外停留般，整個人感到很放鬆。

這裡沖繩式的洋式料理，會完全顛覆你對琉球料理的想法。

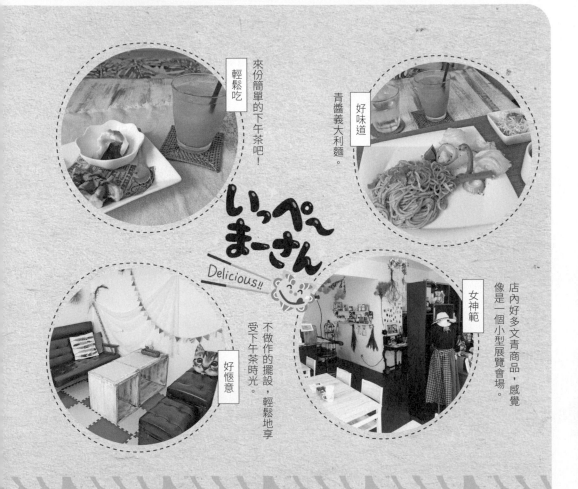

來份簡單的下午茶吧！

輕鬆吃

青醬義大利麵。

好味道

いっぺ〜まーさん

Delicious!!

不做作的擺設，輕鬆地享受下午茶時光。

好恢意

店內好多文青商品，感覺像是一個小型展覽會場。

女神範

地址： 〒 901-2134 沖繩縣浦添市港川 2 丁目 17 港川 2-17-2

電話： 098-879-5256

MAP CODE： 33 341 031*06

GOOGLE MAP： https://goo.gl/maps/ifaapc9acB22

谷歌地圖 QRCode

跟著彭大去旅行，你給幾顆心？

♡ ♡ ♡ ♡ ♡

Transit Cafe

OPEN
08:00-00:00(六~一)
11:00-00:00(二~五)

最道地

法式烤田螺，也可以
當下酒小菜。

豪邁吃

酥炸魚片與薯條，大
口吃好過癮。

營養滿分

起司與法國麵包。

這家店在北谷的砂邊也是老字號的咖啡店！
原本來幾次以為只有賣咖啡，後來才發現也
是餐廳，生意還不錯！有無敵海景、人氣美
食，重點是消費很平價！

地址：〒 904-0113 沖縄県中頭郡北谷町宮城
　　　2-220-2F
官網：http://transitcafe-okinawa.com/

いっぺ～
まーさん

跟著彭大去旅行，
你給幾顆心？

♡ ♡ ♡ ♡ ♡

谷歌地圖
QRCode

📞 098-936-5076 ｜ 📍 Mapcode: 33 584 075*52 ｜ 🛜 GOOGLE MAP: https://goo.gl/maps/sN82b6vDiLL2

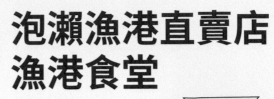

泡瀨漁港直賣店
漁港食堂

豐盛

超豪華的鰻魚飯搭配海膽焗龍蝦定食。

鮮甜

海膽焗龍蝦味美香甜。

有時候當日漁獲量大，會有「今天生魚片免費續盤」的活動，如果剛好有遇到，就真的是太好太划算了！可以享受到新鮮的生魚片還超便宜。這裡的漁港相較其他觀光魚市場雖然小一些，卻也安靜一些。有室內及室外的座位，飲水可以免費取用，除了海鮮定食，還有設置土產專區及生鮮蔬果，觀光和美食兼具。

地址：〒 904-2172 沖繩縣沖繩市泡瀨 1 丁目 11-34

いっぺ〜
まーさん

跟著彭大去旅行，
你給幾顆心？

谷歌地圖
QRCode

📞 098-938-5811 ┃ 📍 Mapcode: 33 565 371*55 ┃ 🛜 GOOGLE MAP: https://goo.gl/maps/weUZbuHm8tQ2

鶏だし工房 Garyu-ya

來到這才發現沾麵是這樣吃，麵條與湯汁上桌後，
夾一口麵條沾入湯汁，只要是喜歡濃郁口感的人都會喜歡！
位在泡瀨海邊的沾麵店，店面銀色的房屋上面一個大大的「我」字很有個性，
店內裝潢低調乍看很像酒吧，如果你也喜歡，請放進口袋名單中吧。

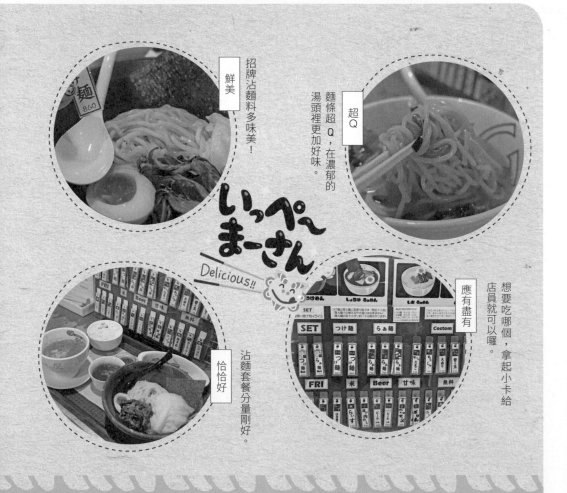

招牌沾麵料多味美！
鮮美

麵條超Q，在濃郁的湯頭裡更加好味。
超Q

いっぺ～まーさん
Delicious!!

沾麵套餐分量剛好。
恰恰好

想要吃哪個，拿起小卡給店員就可以囉。
應有盡有

地點：〒 904-2172 沖縄県沖縄市泡瀬 3 丁目 12-26 1F
電話：098-934-2218
Mapcode：33 534 149*06
GOOGLE MAP：https://goo.gl/maps/ZmbeTyxpa432

跟著彭大去旅行，你給幾顆心？

 ♡ ♡ ♡

谷歌地圖 QRCode

北谷龍

若你住在美國村又喜愛吃燒肉，這家燒肉店一定不能錯過！
這是一間吃到飽的店，依照不同價位也提供不同的肉品搭配，
在不同組合的價位，會對應不一樣等級的和牛，
讓你在吃到飽的菜色中也可以體驗到吃和牛的精緻！

和牛

厚切和牛，是種不用多說的美味，就是 A 5 等級。

沙拉

凱薩沙拉，燒肉解膩的好朋友。

いっぺ～まーさん

Delicious!!

必點

牛舌、雞軟骨還有韓式辣湯，也是燒肉店人氣必點之一。

不膩

油脂豐厚吃了不膩。

地址：〒 904-0117 沖繩縣中頭郡北谷町北前 1 1-1
電話：098-983-7129
預約：https://goo.gl/mzXDm6
Mapcode：33 466 646*04
GOOGLE MAP：https://goo.gl/maps/324dPNRxmB42

谷歌地圖 QRCode

跟著彭大去旅行，你給幾顆心？

Tang Tang
手作肉饅

OPEN
10:30-19:00
賣完就打烊

限量

四種口味的包子，每天限量，售完就沒有囉。

熱呼呼

熱呼呼的包子，限帶走，沒有內用唷。

這間店每天十一點半開門，限量販售，售完為止。如果吃膩了餐餐吃肉的讀者，可以來顆口味特別的包子，特別是季節限定版，還有南瓜口味的，有次我開店後就衝去，排在第二位，買了 30 顆，排第七位的阿姨緊張的問老闆還有沒有，可見多受歡迎！

地址：〒 901-2133 沖縄県浦添市城間 4 丁目 42-6

いっぺ～まーさん

跟著彭大去旅行，你給幾顆心？

谷歌地圖 QRCode

📞 098-878-8835 | 📍 Mapcode: 33 311 700*25 | 📶 GOOGLE MAP: https://goo.gl/maps/QToryPMoW4q

COFFEE CASA
宮城

OPEN 07:00-17:00

香脆

法式吐司佐炒蛋，香脆的培根為這道餐點加分不少，熱咖啡是可以續杯的唷。

甜蜜

法式吐司淋上蜂蜜，甜蜜蜜的早餐吃來也很舒服。

喜歡一早置身在身邊都是日文加英語的悠閒氛圍嗎？位於北谷宮城海岸一帶相當多當地的美國大兵與居民會來吃早餐或下午茶，這裡已經遠離北谷美國村了，少了一些觀光客氛圍，卻多了很多異國的衝突美感，非常值得到訪喔！

地址：〒 904-0113 沖繩縣中頭郡北谷 3-51
官網：coffeecasa-okinawa.com

いっぺ~まーさん

跟著彭大去旅行，你給幾顆心？

🖊♡♡♡♡♡

谷歌地圖 QRCode

📞 098-936-8141 | 📍 Mapcode: 33 584 197*22 | 📶 GOOGLE MAP: https://goo.gl/maps/SW28RwKP8P22

Caracalla **(Coffe&Bread)**

這間有彩虹貝果的咖啡廳，位在北谷的舊美軍宿舍區內，
外表看起來就是一間民宅，果然進去像回到家吃早餐一般親切！
這裡的彩虹甜甜圈顏色很厲害，其他的可頌三明治也很好吃！

好繽紛

彩虹貝果夾了滿滿的果醬。

肉厚實

喜歡鹹點的朋友可以選擇潛艇堡。

いっぺ〜まーさん

Delicious!!

視覺饗宴

漂亮的貝果，不管拿來拍照或吃下它都很讚。

好溫暖

天氣好的時候，不妨坐在戶外，享受陽光的溫暖。

地址：〒 904-0112 沖縄県中頭郡北谷町浜川 155

電話：098-989-9818

官網：https://goo.gl/sibnoK

Mapcode：33 555 846*08

GOOGLE MAP：https://goo.gl/maps/qxDzDbYt5UE2

跟著彭大去旅行，你給幾顆心？

谷歌地圖 QRCode

Gordie's

隱藏在安靜的民宅內，在地美國人都很愛，可見一定是道地美式風味，超邪惡兩片肉的美式漢堡，把嘴巴張到最大都很難一口咬下。薯條是整顆馬鈴薯帶皮下去炸，不油膩超好吃，吃完大滿足！這裡美式風格的裝潢，大紅的牆壁、復古的擺設，會有種置身在美國的錯覺。

超大漢堡

一口無法咬定的兩層肉美式漢堡。

環境好

紅色的牆壁，強烈的風格讓人食欲大增。

いっぺ～まーさん

Delicious!!

超入味

烤肉醬汁讓肉片口感更好。

安靜

隱身在北谷町住宅區的漢堡店。

地址：〒 904-0111 沖繩県中頭郡北谷町砂辺 100
電話：098-926-0234
官網：https://goo.gl/eUSPh6
Mapcode：33 584 568*36
GOOGLE MAP：https://goo.gl/maps/3tBm3VaSe5Q2

谷歌地圖 QRCode

跟著彭大去旅行，你給幾顆心？

WaGyu-Café Kapuka 彩虹吐司

OPEN
11:00-21:00

位於北谷海邊的咖啡廳，說它是咖啡廳真的是太小看它了，它有很厲害的彩虹吐司，有很厲害的西式套餐，還有很厲害的下午茶餐點，最棒的是它有無敵海景。白天有無敵海景，夜晚有浪漫氛圍，只要停留 2 小時，它會讓你有滿滿的回憶。

好好享受

水果鬆餅邊聊邊品嘗。

冰涼

喝杯冰涼的飲料吧。

療癒

顏色鮮豔的吐司，光看都療癒。

不甜膩

有蔬果搭配不甜膩。

いっぺ～
まーさん
Delicious!!

地址：〒904-0115 沖縄県中頭郡北谷町美浜51-1 マカ
　　　イリゾート
電話：098-923-5010
Mapcode：33 525 890*85
GOOGLE MAP：https://goo.gl/maps/Z6rRWVXZEd42

谷歌地圖 QRCode

跟著彭大去旅行，你給幾顆心？

Emerald Oceanside

OPEN
11:00-23:30

牛排套餐好看又好吃。

皮沙發讓店內用餐氣氛有
約會感覺。

除了料理，還有
賣各式小物。

大家來沖繩都習慣看無敵海景用餐！介紹一
家算是山谷中的一家餐廳！這間牛排館內居
然有酒吧，一進來菜單隨便翻兩了下就決定
了菜色。第一次來當然先點人氣第一的牛排
套餐！裡面還有其他菜色：義大利麵、沖繩
料理炒菜，或海陸套餐之類的。大部分都有
圖片，可以看圖說故事點餐。

地址：〒 901-2301 沖繩縣中頭郡北中城村島袋 311
官網：https://maps.app.goo.gl/hQV5x

いっぺ～
まーさん

跟著彭大去旅行，
你給幾顆心？

谷歌地圖
QRCode

📞 098-932-4263 | 📍 Mapcode: 33 531 611*18 | 📶 GOOGLE MAP: https://goo.gl/maps/sN82b6vDiLL2

沖縄！いただきます！

系滿・豐見城・
南城

瀬長島

1 P.101

往機場那霸

豐見城

329

10 P.104

507

沖繩自動車道(高速公路)

331

331

P.94 **13**

南城

P.100 **2**

331

3 P.96

507

11 P.112

P.114 **12**

5 **4** P.92

P.110

玉泉洞

豐崎海濱公園

7 P.98

P.108 **6** P.102

新原沙灘

系滿

8 P.91

331

奥武島

美美海灘

9 P.106

331

南浜公園

331

平和祈念公園

● 推薦餐廳

● 景點

● 省道

● 高速公路

1 POSILLIPO cucina meridionale
2 ステーキハウスうっしっしい
3 オホーツク
4 魚町屋 ぶぶか'
5 壱蘭沖縄麺そば 居
6 系滿魚市場
7 田舎家
8 丸三冷物店
9 Hawaiian Cafe Dining KOA
10 焼肉居酒屋こてつ
11 とんせんOkinawa
12 Cafe Curcuma 薑黃花
13 風樹CAFE

丸三冷物店

OPEN
11:00-18:00

傳統麵

冰店賣的沖繩麵想不到也
這麼美味，不愧是老店。

復古風

沒有華麗的裝潢，可以感
受到懷舊復古的氣氛。

是間有歷史的老店，很日本味的冰，又細又
軟。店內復古的裝潢與音樂，整個人都放慢
了速度。在很南部的糸滿市，開著開著街邊
的景色漸漸的不一樣，在安靜的街道、巷
弄，彷彿走進時光隧道般。可以去試試看慢
活的氛圍唷。

地址：〒 901-0361 沖繩縣糸滿市糸滿

いっぺ～
まーさん

跟著彭大去旅行，
你給幾顆心？

谷歌地圖
QRCode

📞 098-995-0305 | 📍 Mapcode: 232 425 881*47 | 📶 GOOGLE MAP: https://goo.gl/maps/x7Fit3WDKKQ2

魚町屋 ぶぶか

OPEN
18:00-02:00
周二休

隱藏在鄉下的居酒屋，環境優美、價位超值，

每道菜都經濟又實惠，平均約 400 到 600 圓日幣，

吃膩了大都會的美食，或者剛好到鄉間旅遊時，記得來這家店試試，

很值得推薦來吃看看喔！

當地特色

海葡萄冰淇淋實在太有特色了。

牛肉香

牛肉的熟度剛剛好。

いっぺ〜まーさん

Delicious!!

不油膩

即使是炸物料理也不油膩。

很爽口

沖繩特有的涼拌海葡萄很爽口。

地址：〒 901-0305 沖繩県糸滿市西崎 6 丁目 4-6
電話：098-995-1231
Mapcode：232 485 619*70
GOOGLE MAP: https://goo.gl/maps/WPbSjrU4zcq

谷歌地圖 QRCode

跟著彭大去旅行，你給幾顆心？

風樹 CAFE

OPEN
11:30-18:00
周二公休

如果恩納的海是「療癒系」，那麼南城的風，

絕對是「撫慰系」！這間店獨棟樓中樓全木頭打造的房子，

空間規劃很舒服，就算客滿也不會有壓迫感。

餐點簡單卻很用心、很精緻的。在這裡，絕對不只是「吃風景」，

而是可以邊欣賞風景邊吃美食。

熱愛生命

店內保留原本的樹木，讓它完整地穿過木屋。

濃郁

套餐裡面的甜點，起司蛋糕，扎實濃郁。

いっぺ〜まーさん

Delicious!!

用心料理

雞腿套餐，餐點選擇不多，但都是用心製作與擺盤，感受得到。

重隱私

巧妙安排的室內座位區，不擁擠，有隱私。

地址：〒 901-0601 南城市玉城垣花 8-1
電話：098-948-1800
官網：cafefuju.com
Mapcode：232 530 224*53
GOOGLE MAP：https://goo.gl/maps/guufymocmTQ2

跟著彭大去旅行，你給幾顆心？

谷歌地圖 QRCode

和だいにんぐ オホーツク

OPEN
11:30-14:00
18:00-23:00
周三 - 日午餐

這間藏身於住宅區內的居酒屋，是來自北海道的料理，
有全日本送來的新鮮漁獲，無論是晚餐或是朋友聚會，
都是一個值得推薦的地點。很適合除了燒肉或居酒屋之外的另一種選擇，
想嘗試不同料理的朋友可以來品嘗看看。

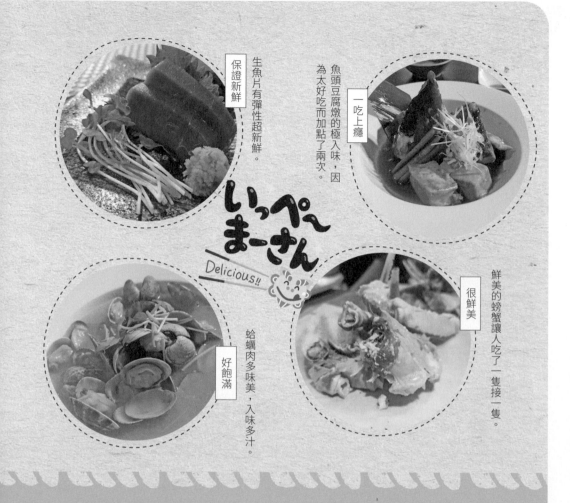

保證新鮮

生魚片有彈性超新鮮。

魚頭豆腐燉的極入味，因為太好吃而加點了兩次。

一吃上癮

いっぺ～まーさん

Delicious!!

鮮美的螃蟹讓人吃了一隻接一隻。

很鮮美

蛤蠣肉多味美，入味多汁。

好飽滿

地址：〒 901-0225 沖繩縣豐見城市豐崎 1-453
電話：050-3464-9258
官網：wadainingohotsuku.gorp.jp
Mapcode：232 514 893*88
GOOGLE MAP：https://goo.gl/maps/QhXpPVt3UAq

跟著彭大去旅行，你給幾顆心？

   ♡ ♡ ♡

谷歌地圖 QRCode

田舍家

OPEN
17:00-00:00
周一休

往往可嘗到令人驚豔的美味佳餚。

老闆喜歡傳統音樂，有位用餐的客人看到老闆的三味線自彈自唱了起來，

另外有客人也拿起老闆的響板跟著節奏拍了起來，好歡樂。

這間位於系滿的居酒屋，平價美味，充滿濃濃的人情味，

偶爾離開城市到市郊的小居酒屋。

多樣化

生魚片拼盤光看就開始垂涎三尺。

好味道

肉捲的握壽司口感豐富。

多樣化

櫃台有很多魚種可供選擇。

風味絕佳

烤貝類風味絕佳，適合不吃生魚片的人。

いっぺ～まーさん

Delicious!!

地址：〒 901-0305 沖繩縣糸滿市西崎 1 丁目 17-11-1
電話：098-994-2658
Mapcode：232 484 114*30
GOOGLE MAP：https://goo.gl/maps/FqpU94P6ffP2

谷歌地圖 QRCode

跟著彭大去旅行，你給幾顆心？

♡ ♡ ♡ ♡ ♡

ステーキハウス
うっしっしぃ
(牛排館)

OPEN
11:00-21:30
周二休

超誘人

在鐵板上滋滋作響的牛排,有許多種類的調味料,可依照個人喜好增添或是享受原味。

很好找

招牌上大大的牛排圖片,簡單易懂,看不懂日文店名也不怕。

經過好幾次,都被門口排隊停車的車子吸引到目光。這一家是本地人常吃的店,下午快二點還是人潮滿滿。中午有紅茶和咖啡自取,還有很多調味醬可以自己搭配餐點,整體的口味還不錯,價位也算平價,可以在取車後過去用餐,因為距離很近唷!

地址:〒 901-0223 沖繩縣豐見城市翁長 869-27
官網:m.facebook.com/29.steak/

いっぺ〜
まーさん

跟著彭大去旅行,
你給幾顆心?

♡ ♡ ♡ ♡ ♡

谷歌地圖
QRCode

📞 098-850-8229 | 📍 Mapcode: 232 545 821*02 | 🛜 GOOGLE MAP: https://goo.gl/maps/Dp5Si6BH3792

OPEN
11:00-23:30

POSILLIPO cucina meridionale

特別

吃起來有意想不到
特別的口感。

剛剛好

特別的義大利前菜，搭配
風景讓食物更美味。

位於瀨長島內的一家義大利餐廳，上午 11
點開始、晚上大約 10 點結束。你可以來這
裡享受早午餐、下午茶或晚餐，白天欣賞無
敵海景、晚上欣賞浪漫夜色。不一樣的時段
有著不一樣的感受，很推薦你來這裡放空一
下，度過午後悠閒的時光。

地址：〒 901-0233 沖繩縣豐見城市瀨長 174-5
官網：posillipo-cucina.jp

いっぺ〜
まーさん

跟著彭大去旅行，
你給幾顆心？

♡ ♡ ♡ ♡ ♡

谷歌地圖
QRCode

📞 098-851-1101 | 📍 Mapcode: 33 002 634*56 | 📶 GOOGLE MAP: https://goo.gl/maps/R4ZAPuhz93s

壱蘭 沖縄そば屋

辣的沖繩麵很特別，通常我們都是自己加上辣油，
但這個不一樣，直接紅通通的湯就端上來了，看到立刻大開胃。
麵條也很不一樣，口感介於刀削麵與拉麵之間，
比刀削麵薄卻比拉麵更有嚼勁，一問之下，原來這就是「生麵」，
製作過程中沒有加入一滴油，每天限量五十碗，這就是老闆的堅持，
真令人感動！

YŌKOSO! JAPAN PASS   DISCOUNTS & BENEFITS

 驚安の殿堂 ドン・キホーテ Don Quijote

Discount Coupons!
www.donki-global.com

附贈在日本唐吉訶德可以使用的優惠券

Japan.
Tax-free
Shop

HP Address

※此卡為訪日旅客專用，日本人及在日外國人不能使用。　※優惠券只限免稅對象者（訪日旅客）使用。

※每天可以在一間店舖使用一次。　※使用優惠券時有可能要出示護照。

※購買酒類、香煙、POSA 卡等商品時不能使用。　※不可以與其他優惠併用。

※已蓋印或簽署的優惠券不能使用。

※このカードは外国人観光客専用のため、日本人及び在日の外国人は使えません。　※クーポン券のご利用は、免税対象者（訪日客様）に限ります。※1日1店舗1回のみ利用可能。
※クーポン券のご利用時にパスポートの提示を求める場合がございます。　※お酒、タバコ、POSA カードなど一部ご利用いただけない商品がございます。
※他の割引サービスとの併用不可。※検印またはサインがあるものは使用出来ません。　※クーポンご利用後は利用日を記載後、検印またはサインをお願い致します。
※カード JAN をスキャン後「支払方法選択」→「販促クーポン」→金額＋「ようこそクーポン」で値引き処理を行ってください。

Expiration date : 5/31/2021   有効期限：2021.5/31まで

7130 9000 4884 7510

2,000円OFF（税抜き￥30,000以上で利用）

Available with purchase over
￥30,000
(Excluding Tax)

￥2,000 日圓 OFF

検 印

検印
または
サイン

500円OFF（税抜き￥10,000以上で利用）

Available with purchase over
￥10,000
(Excluding Tax)

￥500 日圓 OFF

検 印

検印
または
サイン

 Fall in love with Okinawa 跟著彭大去旅行

清淡爽口

當地特色的沖繩麵，分量不大彈牙爽口。

麻辣味

道地沖繩麵，麵條口感超有彈性，另外有麻辣味道的感覺。

好意外

麵店的塔可飯居然意外的好吃，不妨試試這道沖繩有名的菜色。

地址：〒 901-0305 沖繩縣糸滿市西崎 2 丁目 6-11F
電話：098-940-8898
官網：www.facebook.com/itiranokinawasoba/
Mapcode：232 485 661*58
GOOGLE MAP：https://goo.gl/maps/Nkcs2WYitCs

谷歌地圖 QRCode

跟著彭大去旅行，你給幾顆心？

焼肉居酒屋こてつ

3980 燒肉＋斑節蝦！

只要日幣 3,980 讓你吃到飽喝到飽，有沒有超便宜的！各式各樣不同的海鮮
料理持續上桌，光是吃蝦子和喝酒就回本了！

開車不喝酒、喝酒不開車，如果從市區搭計程車去吃吃喝喝，車資單趟大約
1,500 日幣，來回才 3,000 日幣，3~4 個人均分車資照樣很划算。

每個月 15 號是彭大家族日，還有 75 折優惠唷！

新鮮

生魚片拼盤，一端上桌大加肯定直呼過癮。

雞肉

烤雞肉串燒。

いっぺ〜まーさん

Delicious!!

蝦的握壽司，很大顆一點都不小氣。

真材實料

滿足

飽滿的干貝。

地址：〒 901-1117 沖縄県島尻郡南風原町津嘉山 1600
電話：098-882-7866
官網：sougouserviceshin.jp
Mapcode：33 040 620*44
GOOGLE MAP：https://goo.gl/maps/ijhAeTsNmo52

谷歌地圖 QRCode

跟著彭大去旅行，你給幾顆心？

♡ ♡ ♡ ♡ ♡

那霸

北谷・宜野灣・浦添・泡瀨

系滿・豐見城・南城

讀谷・恩納

本部町・名護

連鎖店

超市

飯店

Hawaiian Cafe Dining KOA

OPEN
09:00-20:00(一~五)
08:00-20:00(六~日)

這家位在系滿的餐廳，距離 OUTLET 開車只要十分鐘，
你可以在這裡輕鬆地吃鬆餅、吃蝦蝦飯、盡情享受無敵海景，
若午餐過後，還可點份甜點或飲料，如此宜人的風景與美食，
坐上一下午都不嫌膩。

充滿沖繩風味的擺盤，令人食指大動。

當地特色

充滿夏威夷氛圍的餐點，搭配上熱帶水果鳳梨茶，坐在海邊享用超搭。

大享受

蝦蝦飯的外帶盒，雖然是外帶，豐盛擺盤卻一點也不馬虎。

毫不含糊

美味的好吃鬆餅吃了也會幸福。

好幸福

いっぺ〜まーさん

Delicious!!

地址：〒 901-0364 沖繩縣糸滿市潮崎町 4 丁目 28-
20202
電話：098-851-8495
官網：hawaiiancafekoa.com
Mapcode：232 394 591*38
GOOGLE MAP：https://goo.gl/maps/e4Lr9Sv3m7k

跟著彭大去旅行，你給幾顆心？

谷歌地圖 QRCode

系滿魚市場

OPEN
10:00-19:30

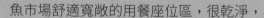

魚市場舒適寬敞的用餐座位區,很乾淨,

比泊港魚市場寬敞很多,室內及戶外皆有座位。

海鮮區有很多肥美的蝦、生蠔、章魚等等,如果不吃生食也有其它熟食,

例如烤魚、烤干貝、烤牛肉、焗烤龍蝦 魚天婦羅、鰻魚便當等等,

絕對可以滿足每一個人想吃的欲望。

大滿足

餐色多樣，大人小孩可以大大滿足的一餐。

很乾淨

相當乾淨的魚市場，沒有溼答答的地板或是魚腥味。

いっぺ～まーさん
Delicious!!

大採購

系滿魚市場戶外用餐區，寬敞舒適，垃圾分類相當乾淨。

經濟實惠

各種握壽司餐盒，只要一千日幣，新鮮又便宜。

地址：〒 901-0306 沖縄県糸満市西崎町 4 丁目 19
電話：098-992-2803
網址：jf-okinawa.jp
MAPCODE：232 484 077*34
GOOGLE MAP：https://goo.gl/maps/Xfiz9CeY5h82

跟著彭大去旅行，你給幾顆心？

谷歌地圖 QRCode

文化王國玉泉洞自助餐

玉泉洞王國村，大家除了去參觀鐘乳石洞之外，也可以在裡面享用豐盛的自助午餐。傳統的沖繩料理、湯品跟甜點，從現場看起來應該超過百樣了。餐廳剛好位在大鼓秀場的旁邊，當你在安排行程的時候，可以先參觀再用餐，也可以先用餐再參觀，省下你移動的時間！記得出示彭大家族優惠券，還可享 9 折優惠唷！

隨意搭配

粥，醬菜可依造自己喜好隨意搭配

選擇多樣的各式甜點，不管是布丁、果凍、蛋糕……都是各具特色、絲毫不馬虎。

各式甜點

貼心標示

每一道菜都清楚標示成分，及葷菜素食，相當貼心。

安心品嘗

燉的入味軟爛的肋排，入口即化；清蒸蔬菜清爽可口，吃素的朋友也可以放心品嘗；特色蒸籠豬，肉質香甜。

いっぺ～
まーさん

Delicious!!

跟著彭大去旅行，你給幾顆心？

とんせん Okinaw

OPEN
11:00-17:00
周二休

LIKE
TONSEN
OKINAWA

沖繩南部少數幾個吃得到阿古豬的地方，美味的阿古豬，
再加上吱吱作響的鐵板跟著撲鼻而來美味的香氣，
搭配上好吃的日本米飯，如果你還在南部尋找餐廳去玉泉洞參觀完畢，
不妨來這裡品嘗一下唷！

有這個認證名牌才是真的阿古豬唷。

認證名牌

芒果雪花冰。

超綿密

紅豆與冰淇淋。

絕佳組合

阿古豬套餐。

經濟實惠

いっぺ〜まーさん

Delicious!!

地址：〒 901-1400 沖繩縣南城市玉城前川 418-1
電話：098-948-7857
官網：business.site
Mapcode：232 524 408*47
GOOGLE MAP：https://goo.gl/maps/WxDvBnqfnax

谷歌地圖 QRCode

跟著彭大去旅行，你給幾顆心？

仲善 薑黃花
Cafe Curcuma

OPEN
10:00-18:00 (周一)
10:00-19:00 (其他)

風景宜人

戶外無敵海景居
高臨下的美景。

超大份量

烤雞套餐，分量差不多有
半隻雞這麼多，居然有涼
拌生木瓜與糯米飯，彷彿
置身泰國。

口味道地

單點炸春捲式咖哩口
味，泰式酸辣海鮮湯
麵很道地夠味。

一個擁有無敵海景、得過獎的咖哩料理店，
是值得你花上一小時車程，從那霸前往南部
享用午餐或是下午茶的餐廳。當你坐在餐廳
的窗台，即使點一杯咖啡看著遠方的海景，
都會覺得值回票價，更何況那咖哩料理真的
能讓人吮指回味。

地址：〒 901-1513 沖繩縣南城市知念知念 1190
官網：nakazen.co.jp

いっぺ～
まーさん

跟著彭大去旅行，
你給幾顆心？

♡♡♡♡♡

谷歌地圖
QRCode

 098-949-1189 |  Mapcode: 232 562 861*33 | 🛜 GOOGLE MAP: https://goo.gl/maps/MoM52v72bn12

沖縄！いただきます！

讀谷・恩納

残波岬燈塔

真榮田岬（青之洞）

琉球村

日航飯店

P.186

恩納

P.140 ③

④ P.124

⑤ P.118

⑥ P.126

58

329

讀谷

① P.120

座喜味城跡

P.117 ②

58

道の駅かでな展望台

體驗王國

沖繩自動車道（高速公路）

58

往美國村

嘉手納町

329

宇流麻市

⑦ P.122

往海洋館

① 花織
② あけぼの弁当
③ 沖繩炸豬排食堂
　 しまぶた屋
④ 我空我空
⑤ BONES漢堡
⑥ かね食堂
　 Kane Cafeteria
⑦ Urumarch'e
　 市民食堂

● 推薦餐廳
● 景點
● 省道
● 高速公路
● 飯店

あけぼの弁当

OPEN
05:00-00:00
週六、日休

選擇多

150円

也有一百日圓和
一五〇日圓的選擇。

物美價廉

三百圓就很豐盛了。

這是一間位在讀谷地區的便當店,在一排有三到四家便當店的街道上,往往是最多司機大哥在排隊買便當的一家。只要看到司機大哥或工地大哥在買便當,就應該不難猜到這個便當肯定是物美價廉份量夠的,如果你要去潛水或浮潛,或想北上去水族館,不妨買個便當再出發唷!

地址:〒904-0302 沖縄県中頭郡読谷村喜名202

いっぺ〜
まーさん

跟著彭大去旅行,你給
幾顆心?

谷歌地圖
QRCode

📞 098-958-3188 | 📍 Mapcode: 33 826 213*52 | 📶 GOOGLE MAP: https://goo.gl/maps/7XocWianJS52

BONES

OPEN
11:00–14:30
17:30–21:30
周三休

這間店曾經以沖繩縣代表之身分，首度參加當地漢堡慶典
「鳥取漢堡節」。他們的漢堡「阿麻和利」
在二十個團體中榮獲第二名佳績。
除此之外，老闆還十分大方又好客，
有多種漢堡可以選擇，大人小孩都喜歡。

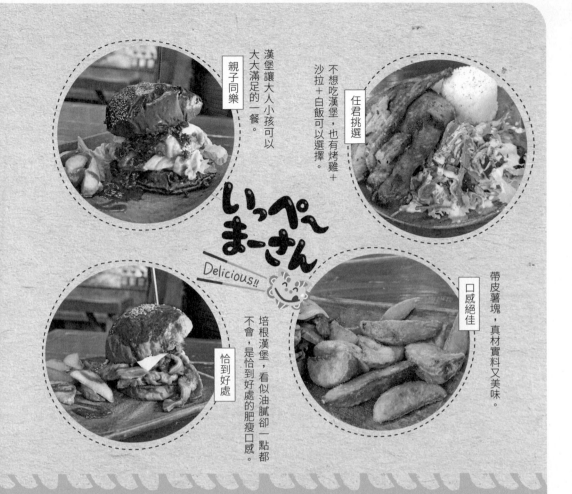

漢堡讓大人小孩可以大大滿足的一餐。

親子同樂

不想吃漢堡，也有烤雞＋沙拉＋白飯可以選擇。

任君挑選

帶皮薯塊，真材實料又美味。

口感絕佳

培根漢堡，看似油膩卻一點都不會，是恰到好處的肥瘦口感。

恰到好處

いっぺ〜まーさん

Delicious!!

地址：〒 904-1115 沖縄県うるま市 石川伊波 1515-32
電話：098-965-7517
Mapcode：206 037 486*78
GOOGLE MAP：https://goo.gl/maps/3dS9g4tTP7t

跟著彭大去旅行，你給幾顆心？

谷歌地圖 QRCode

花織そば

這間位於讀谷村沖繩風味料理，平價、親民、容易客滿，

炒飯加餃子加沖繩麵，只要日幣九百圓，經濟實惠又能大大的滿足，

適合旅遊時喜歡挑選傳統食物的遊客，舉凡炒苦瓜、沖繩麵，

想到的特色餐這裡都有喔。

超爽口

不喜歡吃太多肉食的朋友可以選這碗野菜麵。

甘甜

沖繩的苦瓜不太苦有甘甜味。

いっぺ～まーさん
Delicious!!

飽飽的

套餐可以吃超飽。

特色風味

沖繩特色麵加上豬腳超好吃。

地址：〒 904-0322 沖繩県中頭郡読谷村波平 2418-1
電話：098-958-4479
Mapcode：33 822 217*82
GOOGLE MAP：https://goo.gl/maps/DRSm7MbYgLF2

谷歌地圖 QRCode

跟著彭大去旅行，你給幾顆心？

うるマルシェ Urumarch'e

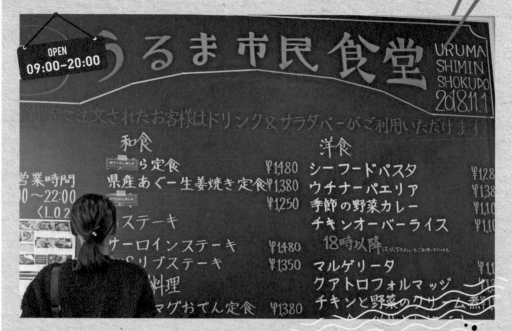

如果你住民宿，看看路線有沒有經過這裡，

可以順道來採買生鮮蔬果，或者專程來也不錯，食材好又不用人擠人！

若想吃午餐或晚餐在市民食堂也有，食材超新鮮，還是市場直送！

只要來點餐，沙拉吧、飲料都免費！感覺也超好吃的，

如果安排往海中道路的行程，這裡是會經過的路線唷！

多排點時間進來這裡吃飯逛逛吧！

在市民食堂內用餐，可以享用沙拉吧吃到飽。

吃到飽

炸魚套餐。

套餐

黃金茶屋

黃金茶屋，賣的是甜品類食物。

甜品

戶外的座位區。

休息一下

いっぺ～まーさん

Delicious!!

地址：〒 904-2235 沖縄県うるま市前原 183-2
電話：098-923-3911
官網：urumarche.com
Mapcode：33 626 175*14
GOOGLE MAP：https://goo.gl/maps/phu3EZWXPm22

跟著彭大去旅行，你給幾顆心？

谷歌地圖 QRCode

我空我空

OPEN
17:00-23:00
周三休

你在恩納地區找不到餐廳嗎？你在恩納地區想喝酒卻沒有交通工具嗎？那就去這家居酒屋吧！有免費的來回接送，只要跟酒店櫃台預約，他們就會在你約定的時間，來酒店接你去用餐，用完餐還會送你們回酒店唷！

沖繩料理加上海鮮，再搭配上 ORION 啤酒，就這樣度過一個愉快的夜晚了。

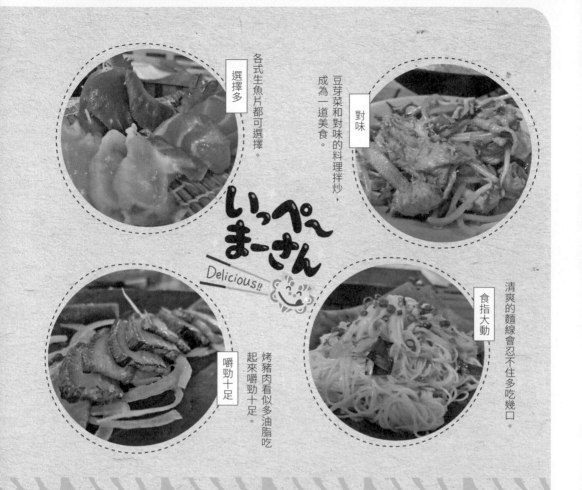

選擇多

各式生魚片都可選擇。

對味

豆芽菜和對味的料理拌炒，成為一道美食。

いっぺ～まーさん

Delicious!!

食指大動

清爽的麵線會忍不住多吃幾口。

嚼勁十足

烤豬肉看似多油脂吃起來嚼勁十足。

地址：〒 904-0414 沖縄県国頭郡恩納村前兼久 258 我空
我空 1F
電話：098-965-1017
Mapcode：206 096 022*13
GOOGLE MAP：https://goo.gl/maps/6GPykDivVdB2

谷歌地圖 QRCode

跟著彭大去旅行，你給幾顆心？

かね食堂

OPEN
11:00–21:00

實惠

一份才 550 日圓。

限量

人氣第一名的骨汁湯飯，
每天限量，是值得專程跑
來享用的美食。

這一家食堂的骨汁湯飯超級厲害的，而且每
天限量發行，賣完就沒了，若想吃記得趁早
出門！這間號稱是當地人食堂的店內餐點，
份量大，價格親民，超級好吃。

地址：〒 904-1106 沖縄県うるま市石川 2490-26

いっぺ〜
まーさん

跟著彭大去旅行，你給
幾顆心？

♡ ♡ ♡ ♡ ♡

谷歌地圖
QRCode

 098-965-3567 | Mapcode: 206 040 688*73 | GOOGLE MAP: https://goo.gl/maps/s2WirV766K22

沖縄！いただきます！

本部町・名護

推薦餐廳
景點
飯店
省道
高速公路

辺戸岬
大石林山
58
7

美麗海水族館
今帰仁城跡
八重岳櫻之森公園
古宇利島

馬海納健康度假酒店

449
P.188

1 P.132

本部町

2
P.129

449

瀬底島

名護鳳梨園
P.130

3

4 P.136

名護自然動植物公園

5 P.134

海中公園

萬座毛

恩納

宜野座道路休息站
P.137

沖縄自動車道(高速公路)

58

屋我地島

國頭村

70

58

70

331

58

名護

東村村民之森

331

331

58

6
P.137

1 石納格
2 ToTo la Bebe Hamburgers
3 許田休息站
4 潛水員牛排 ふりっぱー
5 名護漁港水產販賣所
6 LequioTerrace Kanna
レキオテラス

OPEN 11:00-15:00 周四休

ToTo la Bebe Hamburgers

自助式

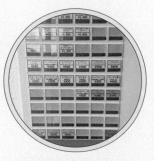

用投幣點餐機買漢堡，我還是第一次體驗。

最佳拍檔

看那融化的起司與肉排完美結合，生菜也有畫龍點睛的效果，薯條當然是最棒的配角。

大俠愛吃漢堡包！水族館午餐何處去？本部町有一個很厲害的漢堡包，距離水族館開車15分鐘，上午11點開店，下午15點打烊。吃牛、吃豬，任你挑選，喜歡吃漢堡的你，千萬不要錯過唷！

地址：〒905-0225 沖繩縣本部町崎本部16

いっぺ～まーさん

跟著彭大去旅行，你給幾顆心？

♡ ♡ ♡ ♡ ♡

谷歌地圖 QRCode

 0980-47-5400 | Mapcode: 206 766 081*41 | 🛜 GOOGLE MAP: https://goo.gl/maps/tUMk3tNWTdT2

許田休息站

這站是高速公路北上的最終站,其實它不在高速公路上面,
是下了交流道之後往名護方向走,在左手邊。
這個休息站最厲害的地方在於有美食,還有販售優惠的票券,
讓大家買完點心之後可以直接買優惠券,再前往水族館參觀,
屬於多功能的休息站。

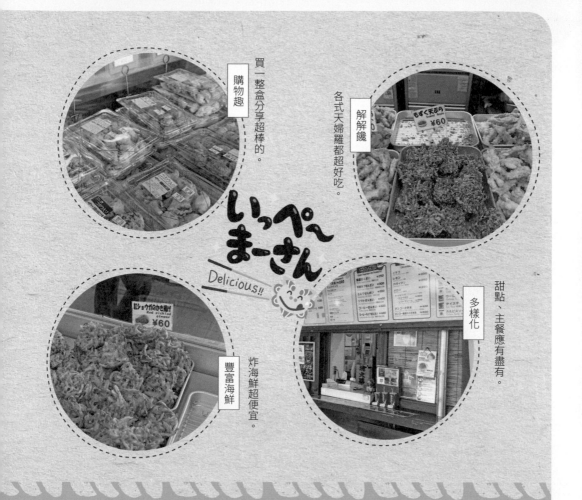

購物趣

買一整盒分享超棒的。

各式天婦羅都超好吃。

解解饞

いっぺ〜
まーさん
Delicious!!

甜點、主餐應有盡有。

多樣化

炸海鮮超便宜。

豐富海鮮

地址：〒 905-0024 沖繩縣名護市許田 17-1
電話：0980-54-0880
官網：yanbaru-b.co.jp
Mapcode：206 476 708*74
GOOGLE MAP：https://goo.gl/maps/RZzvhbqTUdT2

跟著彭大去旅行，你給幾顆心？

谷歌地圖 QRCode

石納格

OPEN
11:30-15:00
18:00-22:00
周四休

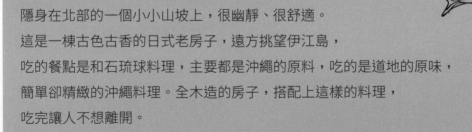

隱身在北部的一個小小山坡上，很幽靜、很舒適。
這是一棟古色古香的日式老房子，遠方挑望伊江島，
吃的餐點是和石琉球料理，主要都是沖繩的原料，吃的是道地的原味，
簡單卻精緻的沖繩料理。全木造的房子，搭配上這樣的料理，
吃完讓人不想離開。

特殊口感

沖繩特產，海葡萄，新鮮特殊的口感令人回味無窮。

很像懷石料理卻是用沖繩在地食材與料理方式呈現，精緻但不會有距離感。

精緻

いっぺーまーさん

Delicious!!

毫不馬虎

彈牙可口的麵條，別具特色。

寬廣舒適

餐廳停車場可以遠眺海洋，館對面的伊江島，視野非常寬廣舒適。

地址：〒 905-0214 沖繩県国頭郡本部町渡久地 778-2
電話　0980-47-3911
官網：ishinagu.jp
Mapcode：206 857 850*71
GOOGLE MAP：https://goo.gl/maps/83XXchVeKGM2

谷歌地圖 QRCode

跟著彭大去旅行，你給幾顆心？

♡ ♡ ♡ ♡ ♡

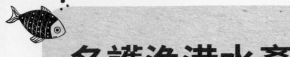

名護漁港水產販賣所

沖繩各地的每個漁港幾乎都有食堂，現在介紹的這間
算是很厲害的食堂之一，這裡的套餐便宜又大碗，
又剛好在許多景點的必經之路——國道 58 旁邊，
很適合大家到水族館之前來這裡享用午餐。

嘗鮮

魚市場的沖繩麵也超級好吃。

划算

握壽司套餐很超值。

好選擇

鮮魚套餐新鮮美味。

厚實有料

炸魚片套餐，又新鮮又厚的比目魚魚片，非常美味。

いっぺ～まーさん

Delicious!!

地址：〒 905-0013 沖繩県名護市城 3 丁目 5-16

電話：0980-43-0175

官網：mco.ne.jp

Mapcode：206 598 873*41

GOOGLE MAP：https://goo.gl/maps/LDwev1xgrED2

跟著彭大去旅行，你給幾顆心？

谷歌地圖 QRCode

潛水員牛排

OPEN
11:30-21:00
周一休

超值豐富

一次吃到三種菜色
的套餐。

超有料

美式豪邁的大塊牛肉。

很厲害的一間牛排館，只要一到了用餐時
間，就會有滿滿的當地人來用餐，也會有很
多慕名而來的觀光客，牛排軟嫩平價，商業
套餐超值豐盛，非常推薦大家來品嘗。現場
還有販售手工做的小餅乾，他們現烤的蘋果
派餡餅（有好幾種口味）也很好吃唷！

地址：〒 905-0006 沖繩縣名護市宇茂佐 162 番地
官網：flipper1971.com

いっぺ～
まーさん

跟著彭大去旅行，
你給幾顆心？

🖊 ♡ ♡ ♡ ♡ ♡

谷歌地圖
QRCode

📞 0980-52-5678 | 📍 Mapcode: 206 625 820*71 | 📶 GOOGLE MAP: https://goo.gl/maps/aacKTHwXjQ32

LequioTerrace Kanna - ぎのざ・牡蠣の漁師バーベキュー

OPEN 11:30-18:00 周二休

職人精神

師傅很認真的在處理漁獲。

美味大餐

魚料理大餐新鮮美味。

沒想到在北部的小漁港內,居然藏了一家這麼厲害的炭火燒烤海鮮店,跟別的燒烤店不一樣的是,這一家燒烤店都是烤海鮮,店家的水桶或是水缸內都是養著貝殼或是螺類,可以現撈現烤現吃,如果不想自己烤的人,現場也有老闆幫你準備好的套餐唷。

地址: 〒 904-1304 沖縄県国頭郡宜野座村漢那1703-4

官網: lequioterrace.business.site

いっぺ〜まーさん

跟著彭大去旅行,你給幾顆心?

♡ ♡ ♡ ♡ ♡

谷歌地圖 QRCode

📞 090-8844-1958 | 📍 Mapcode: 206 205 331*07 | 📶 GOOGLE MAP: https://goo.gl/maps/cVzXpyAMYsD2

沖縄！いただきます！

連鎖店

沖縄とんかつ食堂
しまぶた屋

如果浮潛、潛水上岸後，肚子餓了怎麼辦？那就來吃比臉還大的豬排飯吧！喜歡潛水的朋友肯定常經過或常看到，但是應該不知道，他們中午是賣套餐吧！好大一份豬排飯，連我都吃不完喔！這一家店也算本地連鎖集團，在沖繩總共有八家店，居酒屋、豬排店、琉球料理、蒸籠豬，讓你午餐、晚餐或是消夜都可以安排前往唷！

前兼久店
地址：〒 904-0414 沖縄県国頭郡恩納村前兼久 96
電話：098-923-1518　　官網：https://okinawa-sinka.jp/
Mapcode：206 096 503*88
GOOGLE MAP：https://goo.gl/maps/pRvwGdjnzYU2

谷歌地圖 QRCode

跟著彭大去旅行，你給幾顆心？　

不油膩多汁的炸豬排，酥中帶軟。

來份炸豆腐剛剛好。美味滿點。

分店資訊：

1. 沖縄料理 しまぶた屋 恩納店
營業時間：17:00-24:00
地址：〒 904-0411 沖縄県国頭郡
　　　恩納村恩納 6369-1
📞 098-966-1450
Mapcode：206 221 832*81

2. スチームダイニング しまぶた屋 久茂地店
營業時間 17:00-24:00
地址：〒 900-0015 沖縄県那覇市久茂地 3-29-41
　　　久茂地マンション 1F
📞 098-861-2739
Mapcode：33 157 397*72

3. 沖縄とんかつ食堂 しまぶた屋 久茂地店
營業時間 11:30-15:00、17:00-23:00
地址：〒 904-0414 沖縄県那覇市久茂地 2-10-20
　　　白馬マンション 101
📞 098-988-3909
Mapcode：33 156 568*78

4. 農園炉端 しまぶた屋 前兼久店
營業時間 17:00-24:00
地址：〒 904-0414 沖縄県国頭郡恩納村前兼久
　　　909-2
📞 098-964-3785
Mapcode：33 156 568*78

5. 琉球料理といまいゆ しんか 前兼久店〈恩納村〉
營業時間：17:00-24:00
地址：〒 904-0414 沖縄県国頭郡恩納村字前兼久
　　　858-1
📞 098-923-3915
Mapcode：206 096 565*16

6. 肉バル＆ダイニング ヤンバルミート 前兼久店〈恩納村〉
營業時間：17:00-24:00
地址：〒 904-0015 沖縄県国頭郡恩納村前兼久
　　　858-1F
📞 098-923-3915
Mapcode：206 096 565*16

7. 鶏と豚の縁処 ゆうな　前兼久店〈恩納村〉
營業時間：周一～周三、周五、周六 17:00-24:00
地址：〒 904-0015 沖縄県国頭郡恩納村前兼久
　　　102
📞 098-989-7576
Mapcode：206 096 503*30

肉御殿

這間專賣和牛的燒肉連鎖店，目前在糸滿有兩家，分別在上下樓，二樓是居酒屋形式，燒肉則在豐見城有一家。店內有套餐也有吃到飽的選項，如果中午想吃肉，又擔心吃到飽太負擔，或一起出遊的同伴各有各自想吃的肉類，全點大家又吃不了，這時候套餐式的燒肉牛庵就很適合。

官網：http://gyuuan.co.jp/

糸滿本店

營業時間：11:30–15:00　17:00–23:00　周三休
地址：〒 901-0305 沖縄県糸満市西崎 2-25-6
電話：098-995-0846
Mapcode：232 484 441*62
GOOGLE MAP：https://goo.gl/maps/u94Yuvift5C2

跟著彭大去旅行，你給幾顆心？

谷歌地圖 QRCode

和牛燒肉套餐的和牛油花分布均勻漂亮。

和牛

大食量

午餐選擇燒肉套餐，裡面有豬肉與牛肉，恰到好處的分量，沒有負擔又吃得很滿足。

剛剛好

和牛套餐。

いっぺ～まーさん

Delicious!!

分量夠

每一種肉都可以嘗到，還有牛舌，午餐吃這樣的套餐超滿足。

🏪 分店資訊：

1. 豐見城店
営業時間：11：30-15：00
　　　　　周日～周四 17：00-22：00
　　　　　周五 17：00-23：00
地址：〒 901-0234 沖繩縣豐見城市田頭 155-1
📞：098-856-1129
Mapcode：33 004 501*13

2. 炭焼き居酒屋 笑糸 MAN（エイトマン）
営業時間：周一～周三、日 17：00-01：30
　　　　　周五～周六 17：00-03：00
　　　　　周四公休
地址：〒 901-0305 沖繩縣糸満市西崎 2-25-6 2F
📞：098-994-0080
Mapcode：232 484 411*28

串角

OPEN
16:00-01:00

多汁

意外美味

當肉丸遇到溫泉蛋，
意外的美味，有一種
丼飯感覺。

來一杯

顧名思義「串角」就
是串燒專賣店，一定
要來幾串來配啤酒。

烤豬肉片，雖然
薄，卻一點都不
柴，依舊多汁。

這是一間大眾化的連鎖居酒屋，全沖繩共有九家串角招牌，有單點也有吃到飽，
依照時段不一樣，大家可以選擇自己能夠配合的時間，前往方便的地方用餐唷！

ターミナル店
地址：〒 900-0021 沖繩縣那霸市泉崎 1-14-19-1F
電話：098-862-1855
官網：kushikado.com
Mapcode：33 126 883*06
GOOGLE MAP：https://goo.gl/maps/TZRsRuoV5YB2

← 谷歌地圖 QRCode

分店資訊：

1. 串角 バークレー店
營業時間：16:00- 02:00
地址：〒 901-2104 沖縄県浦添市当山 2-1-2
098-877-6882

2. 串角 我如古店（がねこ）
營業時間：15:00-01:00
地　　址：〒 901-2214 沖縄県宜野湾市我如古
　　　　　3 丁目 16-17
098-897-6825

3. 串角 経塚店（きょうづか）
營業時間：17:00-02:00
地址：〒 901-2111 沖縄県浦添市経塚 392-3
098-879-4508

4. 串角 小禄店（おろく）
營業時間：周一～周六 17:00-03:00，
　　　　　假日 17:00-02:00
地址：〒 901-0154 沖縄県那覇市赤嶺 2-4-1
098-857-2613

5. 串角 豊見城店（とみぐすく）
營業時間：周日～周四 16:00-02:00，
　　　　　周五、周六 16:00-03:00
地址：〒 901-0244 沖縄県豊見城市宜保 302
098-851-1777

6. 串角 久茂地店（くもじ）
營業時間：周一～周六]17:00-03:00，
　　　　　周日 17:00-02:00
地　　址：〒 900-0015 沖縄県那覇市久茂地
　　　　　2-24-19 仲西ビル 1F
098-862-6347

7. 串角 泉崎ロータリー店（いずみざき）
營業時間：周一～周六 17:00-03:00，
　　　　　周日 17:00-02:00
地址：〒 900-0033 沖縄県那覇市久米 1-1-1
098-861-3485

8. 串角 北谷店（ちゃたん）
營業時間：17:00-01:00
地　　址：〒 904-0117 沖縄県中頭郡北谷町北
　　　　　前 1-17-1
098-936-9901

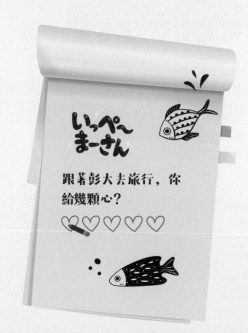

いっぺ～
まーさん

跟著彭大去旅行，你
給幾顆心？

♡ ♡ ♡ ♡ ♡

十勝ホルモン
Kemuri

超滑嫩

月見肉烤起來更順口。

鮮甜

有多種新鮮海鮮可以選擇。

好品質

肉質很好的牛肉。

這是一家少數有提供內臟類的炭火燒肉店，也可以把它當作平價的居酒屋來享用，每個月逢 9 有活動—— 9 日、19 日、29 日，都會有 999 日幣 90 分鐘吃到飽的活動，愛吃肉的你不要錯過唷！

美栄橋駅店

地址： 〒 900-0015 沖縄県那覇市久茂地 2 丁目 24-20
電話： 098-894-8929
官網： http://kemurimiebashi.owst.jp
Mapcode: 33 157 789*87
GOOGLE MAP https://goo.gl/maps/wAFapFDC1Mq

← 谷歌地圖 QRCode

分店資訊：

1. 十勝ホルモン KEMURI 曙店
營業時間：17:00-0:00
地　　址：〒 900-0002 沖縄県那覇市曙 2 丁目
　　　　　25-39
📞 050-5264-6373

2. 十勝ホルモン KEMURI 泉崎店
營業時間：周一～周六 17:00-01:00，
　　　　　周日 17:00 ～ 00:00
地　　址：〒 900-0021 沖縄県那覇市 11 泉崎
　　　　　1 丁目 11-20
📞 098-963-9383

3. 十勝ホルモン ＫＥＭＵＲＩ桜坂
營業時間：周二～周六 18:00-02:00，
　　　　　周日 17:00-00:00，周一公休
地　　址：〒 900-0013 沖縄県那覇市牧志 3-8-2
📞 098-943-4542

4. 十勝ホルモン KEMURI 北谷店
營業時間：17:00-01:00
地　　址：〒 904-0116 沖縄県中頭郡北谷町北
　　　　　谷 1 丁目 12-10
📞 098-989-8998

5. 十勝ホルモン KEMURI 中の町店
營業時間：周一～周三 18:00-01:00，
　　　　　周四～周六 18:00-02:00，
　　　　　星期日 18:00-00:00
地址：〒 904-0032 沖縄県沖縄市諸見里 1-1-1
📞 0980-232-941

6. 十勝ホルモン kemuri 名護店
營業時間：17:00-02:00
地　　址：〒 905-0011 沖縄県名護市宮里 1 丁
　　　　　目 21-18
📞 0980-439-929

いっぺ～まーさん

跟著彭大去旅行，你給幾顆心？

♥ ♥ ♡ ♥ ♥

2nd やっぱりステーキ 松山店

喜愛平民美食又愛吃肉的朋友們，這家店從早上 11 點就開始開到凌晨 2 點，在沖繩已經有 19 家分店了。點一塊你愛吃的牛排，然後盡情享用自助沙拉吧，有生菜、斜管麵、玉米濃湯等，讓你可以花少少的錢，吃到大口的肉，菜、湯一應俱全，吃完一整個感受到滿足與過癮！（取部分店家資料，其他請上官網查詢。）

地址：〒 900-0032 沖縄県那覇市松山 2 丁目 7-16
官網：steak.yapparigroup.jp
電話：098-988-3344　　Mapcode：33 156 777*74
GOOGLE MAP：https://goo.gl/maps/AfazRiwhp5z

多汁鮮嫩

牛排肉質多汁鮮嫩。

垂涎三尺

光看就令人食指大動的牛排。

谷歌地圖 QRCode

跟著彭大去旅行，你給幾顆心？

♡ ♡ ♡ ♡ ♡

🏪 分店資訊：

1st やっぱりステーキカクテルプラザ店
營業時間：11：00- 隔日 05：00
地　　址：〒 900-0032 沖縄県那覇市松山 1 丁
　　　　　目 34-3
📞 098-863-2929
Mapcode：33 156 852*15

3rd やっぱりステーキ国際通りがじゅまる店
營業時間：11：00-22：00
地　　址：〒 900-0013 沖縄県那覇市牧志 1 丁
　　　　　目 2-31
📞 098-917-0298
Mapcode：33 157 373*50

4th やっぱりステーキ国際通り店
營業時間：11：00- 隔日 3：00
地　　址：〒 900-0013 那覇市牧志 3-12-4 高
　　　　　泉ビル 2F
📞 098-867-2929
Mapcode：33 158 483*41

5th やっぱりステーキあしびなー店
營業時間：11：00-20：00
地　　址：〒 901-0225 豊見城市豊崎 1-188 沖
　　　　　縄アウトレットモール あしびなー
　　　　　2F
📞 098-840-2929
Mapcode：232 544 511*33

6th やっぱりステーキ首里りうぼう店
營業時間：11：00- 00：00
地　　址：〒 901-0225 那覇市首里久場川町
　　　　　2-122-1 首里りうぼう 1F
📞 098-887-2929
Mapcode:33 192 192*74

燒肉もとぶ牧場

這一家燒肉店，是牧場本身直營販售的燒肉店，想當然爾它的肉質肯定超棒！這裡的肉是用 ORION 啤酒的發酵飼料餵養，霜降美味還得過日本協會最高的評價！目前在沖繩縣內有兩家分店，前往水族館的朋友，可以就近前往本部町的本店，但是中午時間只有套餐唷！另一個家分店則是在縣廳前，適合沒開車搭單軌前往的遊客用餐！

官網：motobu-farm.com

誘人

A5 和牛的油花就是這樣誘人的美好。

油脂香

牛舌與阿古豬，阿古豬就是要吃那個油脂的部分，很甜美，是脆脆的。

濃郁

沖繩特產海葡萄，特殊的口感，很濃郁的海味。

那霸店

營業時間：11:30–15:00　17:00–22:00

地址：〒 900-0015 沖繩県那霸市久茂地 2 丁目 1-3MK
　　　ビル 3F

電話：098-943-3897

Mapcode：33 156 352*60

跟著彭大去旅行，你給幾顆心？

   ♡ ♡ ♡ ♡

谷歌地圖 QRCode

燒肉牧場本部店入口處。

明亮

和牛拼盤，適合兩個人食用，大蔥是絕妙搭配。

絕配

走精緻路線的牧場燒肉，適合喜歡吃巧吃巧的朋友。

精緻

吃燒肉必點的就是生菜，和風醬汁清爽解膩。

解膩

いっぺ～まーさん

Delicious!!

もとぶ店

營業時間：11:00–15:00　17:00–22:00

地址：〒 905-0212 沖縄県国頭郡本部町大浜 881-1

電話：0980-51-6777

Mapcode：206 856 434*85

跟著彭大去旅行，你給幾顆心？

♡ ♡ ♡ ♡ ♡

谷歌地圖 QRCode

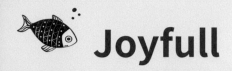

Joyfull

OPEN 24 小時

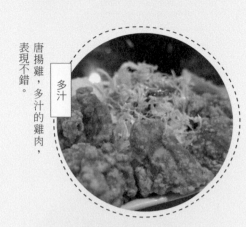

多汁

唐揚雞，多汁的雞肉，表現不錯。

光澤佳

鰻魚蓋飯，瞧那亮晶晶的光澤，新鮮美味。

好口味

壽喜燒鍋，口味偏重，適合重口味的朋友。

誰說找不到地方吃飯？誰說找不到地方吃消夜？誰說沒有平價美食？請看這裡，Joyfull 好吃、便宜，又老少咸宜！

http://www.joyfull.co.jp/

おもろまち店
地址：〒 900-0006 沖繩縣那霸市おもろまち 1 丁目 1-6-3
電話：098-941-5700
Mapcode：33 188 204*16
GOOGLE MAP：https://goo.gl/maps/wUfeEjr4LET2

← 谷歌地圖 QRCode

分店資訊：

1. 喜友名店
營業時間：9:00-23:00
地　　址：〒901-2222 沖縄県宜野湾市喜友名
　　　　　1丁目2
098-893-3343　Mapcode 33 406 509*71

2. じょうがく店
營業時間：24 小時
地　　址：〒900-0023 沖縄県那覇市楚辺1丁
　　　　　目14-1
098-833-7833　Mapcode 33 127 285*84

3. まえはら店
營業時間：24 小時
地　　址：〒901-2215 沖縄県宜野湾市真栄原
　　　　　3丁目7-5
098-897-2520　Mapcode 33 314 878*64

4. 大山店
營業時間：24 小時
地　　址：〒901-2223 沖縄県宜野湾市大山7
　　　　　丁目1番1号
098-898-3270　Mapcode 33 435 042*32

5. 古謝店
營業時間：24 小時
地　　址：〒904-2161 沖縄県沖縄市古謝2丁
　　　　　目16-34
098-934-3344　Mapcode 33 595 454*43

6. よなばる店
營業時間：24 小時
地　　址：〒901-1303 沖縄県島尻郡与那原町
　　　　　字与那原1165-1
098-944-0001　Mapcode 33 136 790*28

7. 美留（びる）店
營業時間：24 小時
地　　址：〒904-0417 沖縄県国頭郡恩納村真
　　　　　栄田1904-1
098-963-0880　Mapcode 206 031 242*10

8. しおざき店
營業時間：24 小時
地　　址：〒901-0364 沖縄県糸満市潮崎町2
　　　　　丁目2
098-992-8889　Mapcode 232 425 434*88

9. 宮古店
營業時間：7:00-00:30
地　　址：〒906-0013 沖縄県宮古島市平良下
　　　　　里605
0980-74-2205　Mapcode 310 453 656*45

10. 宜野湾コンベンションシティ店
營業時間：9:00-23:00
地　　址：〒901-2227 沖縄県宜野湾市宇地泊
　　　　　558-10
098-897-3432　Mapcode 33 372 474*00

跟著彭大去旅行，你給幾顆心？

燒肉乃我那霸（本店）

這是阿古豬的專門店，本身也是養豬農場，我那霸名下有五間餐廳，名護區有我那霸燒肉本館、新館二家，如果想吃到飽的旅客，可以到新館，想單點的人則可以選擇本館。那霸市區還有涮涮鍋和豚肉店，讓你在南北兩地都有機會品嘗到沖繩有名的和牛跟阿古豬唷！

官網：ganaha-butaniku.co.jp

油花多美的和牛，光看到就流口水。

油花均勻

油花讓炭火變得茂盛，記得優質的肉不要烤太久唷！

油脂多

いっぺ〜まーさん

Delicious!!

很像海鮮煎餅的一道菜，通常一上桌就是被搶光的命運。

一搶而空

最喜歡碳烤烤後肉片上的格紋，那是美味的印記。

香氣濃

地址：〒 905-0011 沖繩縣名護市宮里（字）1410-12F

電話：0980-52-6629

Mapcode：206 687 130*14

GOOGLE MAP：https://goo.gl/maps/sqPXdHhAYks

谷歌地圖 QRCode

跟著彭大去旅行，你給幾顆心？

我那霸涮涮鍋

OPEN
11:30-15:00
17:00-24:00
周三公休

旭橋店
地址：〒 900-0029 沖縄県那覇市旭町 1-9 カフーナ旭橋
　　　B-1 街区 1F
電話：098-868-1358
Mapcode：33 126 700*84
GOOGLE MAP：https://goo.gl/maps/GR9RFQGavDn

谷歌地圖 QRCode

跟著彭大去旅行，你給幾顆心？

 ♡ ♡ ♡

原味

這裡的涮涮鍋不一樣，就是涮一下就好了！要吃新鮮的原味。

炸的剛好

不是沒有熟唷！炸阿古豬腰內肉，只有夠新鮮的豬肉，才能有這樣的表現。

不同感受

三種醬汁，可以感受不一樣的口感。

味覺享宴

兩種不同的鍋底、不同的味覺感受。

分店資訊：

1. 我那霸名護 新館
營業時間：11:00–15:00　17:00–00:00
地　　址：〒 905-0011 沖繩縣名護市宮里 7-23-21
📞 0980-43-6583
Mapcode：206 657 848*11

2. 豚ホルモン我那霸燒肉店
營業時間：15:00–00:00
地　　址：〒 900-0015 沖繩縣那霸市久茂地 2 丁
目 11 那霸市九茂地 2-11-16 花ビル 2F
📞 098-861-2990
Mapcode：33 157 540*17

3. 豚しゃぶ專門店 我那霸豚肉店
營業時間：11:30–15:00　17:00–24:00
地　　址：〒 900-0016 沖繩縣那霸市前島 1-1-1
石嶺ビル 1F
📞 098-863-5380
Mapcode：33 157 792*21

IKINARI STEAK
來客夢立食牛排

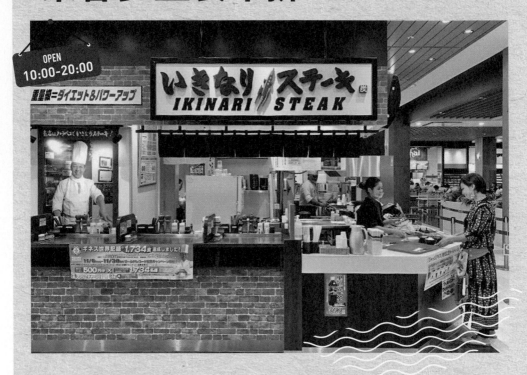

地址：〒 901-2300 沖縄県中頭郡北中城村比嘉アワセ土
地区画整理事業区域内 4 街区永旺來客夢 3 樓
電話：098-989-1291
官網：ikinaristeak.com
Mapcode：33 530 406
GOOGLE MAP：https://goo.gl/maps/VUKh37VmDSF2

跟著彭大去旅行，你給幾顆心？

谷歌地圖 QRCode

這是間連鎖牛排店，愛吃多少點多少，愛吃什麼部位就點什麼部位，中午還有限定的商業套餐，愛吃肉的你記得要來這點上一客，你也愛吃牛排嗎？千萬不要錯過唷！

官網：ikinaristeak.com

完美搭配

簡單的原味，才能吃到最完美的牛肉香，搭配蒜片，完美提味。

現烤

選好重量與部位，就現場切，立刻烤。

口感滿分

因為主角太優秀，所以不用過多點綴，只用飽滿的玉米搭配就足夠。

🏪 分店資訊：

1. 沖繩店
營業時間：11:00-22:00
地址：〒904-2161 沖繩縣沖繩市古謝 2-17
📞 098-923-3129
Mapcode：33 595 427*08

2. 石垣島店
營業時間：11:00-22:00
地址：〒907-0002 沖繩縣石垣市真榮里 341-8
📞 0980-87-9529
Mapcode：956 292 763*53

丸源ラーメン

潛水完來一碗熱呼呼的拉麵，超幸福！兩人吃這一桌才兩千多日圓，即使不愛吃麵的人都覺得好吃，是會一直都來吃的味道。對了，這裡的辣椒醬必買，很香不會太辣，吃很辣的人說很好吃，不太能吃辣的人也說很好吃，超奇妙！

美里店
官網：https://goo.gl/D5X1vF
營業時間：1100-0000
地址：〒 904-2156 沖縄県沖縄市美里仲原町 1-3
電話：098-989-3135
Mapcode：33 654 306*61
GOOGLE MAP：https://goo.gl/maps/qNLkDVPC1Qs

跟著彭大去旅行，你給幾顆心？

谷歌地圖 QRCode

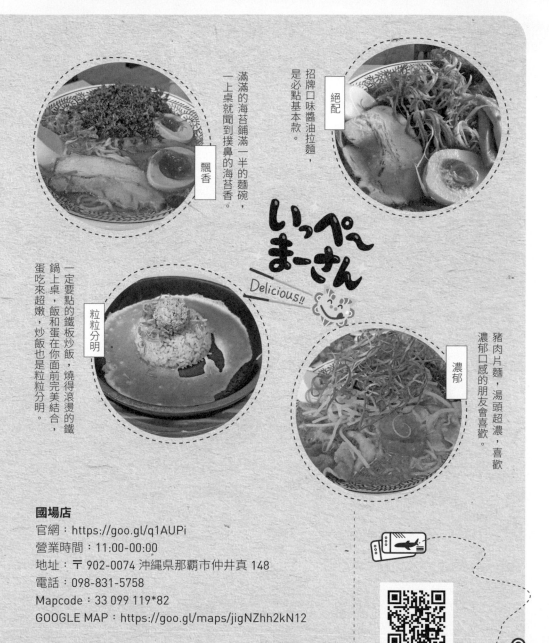

飄香

滿滿的海苔鋪滿一半的麵碗，一上桌就聞到撲鼻的海苔香。

絕配

招牌口味醬油拉麵，是必點基本款。

粒粒分明

一定要點的鐵板炒飯，燒得滾燙的鐵鍋上桌，飯和蛋在你面前完美結合，蛋吃來超嫩，炒飯也是粒粒分明。

濃郁

豬肉片麵，湯頭超濃，喜歡濃郁口感的朋友會喜歡。

いっぺーまーさん

/ Delicious!!

國場店

官網：https://goo.gl/q1AUPi

營業時間：11:00-00:00

地址：〒 902-0074 沖繩県那霸市仲井真 148

電話：098-831-5758

Mapcode：33 099 119*82

GOOGLE MAP：https://goo.gl/maps/jigNZhh2kN12

跟著彭大去旅行，你給幾顆心？

♡ ♡ ♡ ♡ ♡

谷歌地圖 QRCode

Hamazushi はま寿司

OPEN
11:00-23:00

北谷伊平店
地址：〒 904-0102 沖縄県中頭郡北谷町伊平 230
電話：098-982-7331
Mapcode：33 556 069*63
GOOGLE MAP：https://goo.gl/maps/WKAWwtGWWHQ2

跟著彭大去旅行，你給幾顆心？

谷歌地圖 QRCode

我個人最愛的迴轉壽司店種類多達上百種,跟台灣不一樣的地方就是,他的壽司飯是溫熱的,每一樣餐點都可以現點現做,不定時還有季節性的商品,愛吃迴轉壽司的你有空也可以來嘗嘗喔!

官網: https://www.hamazushi.com/hamazushi/index.html

🏪 分店資訊:

1. 前原店
營業時間:11:00-23:00
地　　址:〒904-2235 沖縄県うるま市前原
　　　　　328-1
📞098-979-2870
Mapcode:33 626 348*25

2. 中城店
營業時間:11:00-23:00
地　　址:〒901-2424 沖縄県中頭郡中城村
　　　　　南上原 818-1
📞098-942-3088
Mapcode:33 287 262*63

3. 登川店
營業時間:11:00-23:00
地　　址:〒904-2142 沖縄県沖縄市登川2
　　　　　丁目 9-7
📞098-921-4330
Mapcode:33 714 271*14

4. 那覇古島店
營業時間:11:00-23:00
地　　址:〒902-0061 沖縄県那覇市古島1
　　　　　丁目 古島 1-25-3
📞098-882-1666
Mapcode:33 219 207*31

Kura Sushi 無添壽司

OPEN
11:00-23:00

無添 くら寿司

古島駅前店
地址：〒 900-0004 沖縄県那覇市銘苅 1 丁目 19 銘苅
　　　1-19-2
電話：098-987-6325
Mapcode：33 219 104*07
GOOGLE MAP：https://goo.gl/maps/kZrUsyUKENQ2

跟著彭大去旅行，你給幾顆心？

谷歌地圖 QRCode

知名迴轉壽司連鎖店，全沖繩有六家，可以邊吃邊扭蛋，增添了許多吃飯的樂趣，也因為扭蛋，成為帶小孩的親子家庭用餐首選。此外，價格便宜也是一大亮點，一盤 100 日圓的平民化價格，吃到盤子疊得高高的也沒有罪惡感。官網：http://www.kura-corpo.co.jp/

分店資訊：

1. 沖繩ライカム店 (永旺來客夢)
營業時間：11:00-23:00
地址：〒 901-2300 沖縄県中頭郡北中城村比嘉
　　　アワセ土地区画整理事業区域内 4 街区
☎ 098-923-5177
Mapcode：33 530 623*58

2. ABLO うるま店
營業時間：11:00-23:00
地址：〒 904-2233 沖縄県うるま市豊原 豊原
　　　9-1
☎ 098-989-0770
Mapcode：33 627 557*55

3. 沖繩名護店
營業時間：11:00-23:00
地址：〒 905-0012 沖縄県名護市字名護 4513
☎ 0980-43-5207
Mapcode：206 688 532*14

4. 沖繩北谷店
營業時間：11:00-00:00
地址：〒 904-0115 沖縄県中頭郡北谷町美浜 3
　　　丁目 1-3
☎ 098-989-0677
Mapcode：33 556 036*72

5. 沖繩豐崎店
營業時間：11:00-23:00
地址：〒 901-0225 沖縄県豊見城市豊崎 1-411
　　　ライフスタイルセンター TOMITON 内
☎ 098-996-3469
Mapcode：232 544 582*48

スシロー 壽司 (壽司郎)

那覇天久店

地址：〒 900-0005 沖縄県那覇市天久 1101-1 字
電話：098-860-8836
Mapcode：33 217 284*36
GOOGLE MAP：https://goo.gl/maps/6cN2SEFX9Bo

跟著彭大去旅行，你給幾顆心？

谷歌地圖 QRCode

這家超人氣迴轉壽司全日本有超過 480 家分店，在沖繩有 4 家，無論是生魚片握壽司、壽喜燒握壽司，還是拉麵、烏龍麵、炸雞塊或蛋糕，都很道地與入味，食材等級優、CP 值高，來了絕對不後悔。

官網：akindo-sushiro.co.jp

分店資訊：

1. 糸満西崎店

營業時間：周一～周五 10:30-23:00
　　　　　周六～周日 11:00-23:00
地址：〒 901-0306 沖縄県糸満市西崎町 4 丁
　　　目 22-3
☎ 098-840-8094
Mapcode：232 484 554*48

2. 浦添バークレーズコート店

營業時間：周一～周五 10:30-23:00
　　　　　周六～周日 11:00~23:00
地址：〒 901-2104 沖縄県浦添市当山 2 丁目 2-4
☎ 098-870-0563
Mapcode：33 283 798*74

3. うるまみどり町店 (宇流麻市)

營業時間：周一～周五 10:30-23:00
　　　　　周六～周日 11:00-23:00
地址：〒 904-2215 沖縄県うるま市みどり町 6
　　　丁目 1-21
☎ 098-982-4268
Mapcode：33 777 089*58

七輪燒肉安安

單點式的炭爐燒，適合人數少、胃口小的朋友，經濟型的燒肉組合也適合單人用餐的朋友，如果你只有一個人，點兩三份肉、生菜沙拉和一碗蛋花湯，就簡簡單單解決了一餐。

官網：fuji-tatsu.co.jp

奶油菇

奶油菇類比較少見在菜單中。

很飽滿

奶油玉米看似家常其實味道很飽滿。

饕客最愛

適合特別喜愛牛舌部位的饕客。

いっぺ〜まーさん

Delicious!!

超過癮

吃起來很過癮的雞軟骨。

牧志駅前店

地址：〒 902-0067 沖縄縣那霸市安里 1 丁目 1-60 太永 ビル 2F

電話：098-975-7329

Mapcode：33 158 610*30

GOOGLE MAP：https://goo.gl/maps/xt3EdtJrC8o

跟著彭大去旅行，你給幾顆心？

谷歌地圖 QRCode

分店資訊：

1. 安安小禄バイパス店
営業時間：17:00-06:00
地　　址：〒 901-0146 沖縄県那覇市具志 3 丁
　　　　　目 12-25
📞 098-857-7648
Mapcode：33 033 145*00

2. 豊見城店
営業時間：17:00-06:00
地　　址：〒 901-0244 沖縄県豊見城市宜保
　　　　　（字）2 丁目 299-2
📞 098-850-5223
Mapcode：33 006 792*25

3. 糸満店
営業時間：17:00-06:00
地　　址：〒 901-0302 沖縄県糸満市潮平 725-1
📞 098-995-2051
Mapcode：232 515 269*82

4. パイプライン店
営業時間：17:00-06:00
地　　址：〒 900-0004 沖縄県那覇市銘苅 180-
　　　　　1 朝忠ビル 1F
📞 098-869-8081
Mapcode：232 515 269*82

5. 南風原店
営業時間：17:00-06:00
地　　址：〒 901-1111 沖縄県島尻郡南風原町
　　　　　兼城 636-2
📞 098-888-5051
Mapcode：33 072 877*74

6. 牧港店
営業時間：17:00-06:00
地址：〒 901-2131 沖縄県浦添市牧港 5 丁目 4-11
📞 098-874-5678　Mapcode：33 341 588*71

7. 西原店
営業時間：17:00-02:00
地　　址：〒 903-0117 沖縄県中頭郡西原町翁
　　　　　長 531
📞 098-946-9590　Mapcode：33 255 121*14

8. 宜野湾店
営業時間：17:00-06:00
地　　址：〒 901-2207 沖縄県宜野湾市神山 1
　　　　　丁目 5-54
📞 098-893-1575　Mapcode：33 347 451*06

9. ラウンドワン宜野湾
営業時間：17:00-06:00
地　　址：〒 901-2224 沖縄県宜野湾市真志喜
　　　　　3 丁目 28-8
電話：098-917-2829　Mapcode：33 372 597*66

10. 北谷店
営業時間：17:00-06:00
地　　址：〒 904-0116 沖縄県中頭郡北谷町北
　　　　　谷 2 丁目 13-6
📞 098-936-0119　Mapcode：33 466 732*36

11. 小那覇店
営業時間：17:00-05:00
地　　址：〒 903-0103 沖縄県中頭郡西原町小
　　　　　那覇 1596RJ 西原ビル 2F
📞 098-882-8129　Mapcode：33 227 868*14

大根之花（だいこんの花）

大根之花有豐盛的沖繩當地料理與健康美食，提供各式健康營養的吃到飽自助式餐點，無論是搭配咖哩或是麻婆豆腐，或是沖繩麵、烏龍麵都有。店內大量使用自家農園及特約農家的縣產蔬菜，細心烹調美味的沖繩料理，高人氣的燉豬腳、日式炸豬排、天婦羅……自家製香腸、湯豆腐等，讓你安心放心的享用。菜色會依照季節有所改變，用九宮格的餐盤來裝，先拿一點點試試看自己最喜歡哪一道吧！

iikaisya-tsukurou.com

多吃幾碗

不用解釋都看得懂的漢字，裝一碗白飯來配吧！

沙拉的各種醬汁，可以品嘗到很多不一樣的滋味。

不同風味

いっぺ〜まーさん
Delicious!!

療癒

布朗尼蛋糕。

粒粒分明

炊飯，不是油飯唷，吃起來清爽的，帶淡淡的鹹味。

多種選擇

多種飲料可以選擇，冷的熱的，甜的無糖的。

貼心

兒童餐具貼心提供。

生菜沙拉圖示說明教學。

顧名思義,大根之花這樣的店名,想必招牌菜色
一定要蔬菜類。

小祿店

地址:〒 901-0145 沖繩縣那霸市高良 3-11-1
電話: 098-859-5556
MAPCODE: 33 064 278*67
GOOGLE MAP https://goo.gl/maps/uMacKadqUs22

跟著彭大去旅行,你給幾顆心?

分店資訊:

1. 安謝店
營業時間:11:30-16:00　18:00-22:30
地址:〒 900-0003 沖繩縣那霸市安謝 620
098-861-8889
Mapcode: 33 248 279*52

2. 美里店
營業時間:11:30-16:00　18:00-22:30
地址:〒 904-2154 沖繩縣沖繩市東 2 丁目 5-8
098-929-3133
Mapcode:33 654 244*06

谷歌地圖 QRCode

Hotto Motto 便當店

平價連鎖便當店，沖繩島內到處都有，全沖繩一共有 85 家分店，幾乎都是 24 小時營業，買了帶在車上吃或是帶回飯店當消夜都很適合。不用擔心吃冷便當，日本的便當放冷了都還是很好吃，如果錯過用餐時間，或是想要快速解決，便當快餐店是很好的選擇。（由於店家過多，每個地區一家代表，其他請上官網搜尋）

https://www.hottomotto.com/

天婦羅便當。

可口

唐揚雞便當。

大塊

看圖點餐好簡單。

簡單明瞭

牛肉便當。

分量大

おもろまち店

地址：沖縄県那覇市おもろまち 4-10-23

電話：098-861-8828

Mapcode：33 188 835*15

GOOGLE MAP：

https://goo.gl/maps/KsZ98QRXprH2

跟著彭大去旅行，

你給幾顆心？

♡ ♡ ♡ ♡ ♡

谷歌地圖 QRCode

Delicious!!

🏪 分店資訊：

1. 愛知店
營業時間 9:00 〜 24:00
地址：沖縄県宜野湾市赤道 2-4-12
📞 098-892-0670
Mapcode：33 377 113*32

2. 石垣新栄店
營業時間 7:00 〜 24:00
地址：沖縄県石垣市新栄町 12-8
📞 0980-83-9531
Mapcode：366 003 619*74

3. 宮城店
營業時間：24 時間営業
地址：沖縄県浦添市宮城 1-35-10
📞 098-875-5315
Mapcode：33 279 492*18

4. 名護伊差川店
營業時間：9:00 〜 22:00
地址：沖縄県名護市字伊差川 511 番地
📞 0980-52-6848
Mapcode：485 391 302*54

5. 糸満小学校前店
營業時間：9:00 〜 22:00
地址：沖縄県糸満市糸満 1368
📞 098-852-3532
Mapcode：232 455 058*30

6. 高原店
營業時間：24 時間営業
地址：沖縄県沖縄市高原 4 丁目 20-1
📞 098-931-1030　　Mapcode 33 533 680*35

7. 豊見城南高校前店
營業時間：24 時間営業
地址：沖縄県豊見城市渡橋名 289-26
📞 098-840-5045　　Mapcode：232 575 044*76

8. 安慶名店
營業時間：24 時間営業
地址：沖縄県うるま市みどり町 3-21-17
📞 098-973-5922　　Mapcode：33 748 391*65

9. 宮古島南店
營業時間：9:00 〜 24:00
地址：沖縄県宮古島市平良字松原 551-3
📞 09807-3-1164　　Mapcode：310 423 204*81

10. 佐敷店
營業時間 9:00 〜 22:00
沖縄県南城市佐敷字津波古 579-1
📞 098-947-1136　　Mapcode：33 018 754*82

11. 読谷店
營業時間：9:00 〜 22:00
地址：沖縄県中頭郡読谷村大木 462-1
📞 098-956-7820　　Mapcode：33 765 391*77

12. 南風原店
營業時間：24 時間営業
地址：沖縄県島尻郡南風原町字津嘉山 1697
📞 098-888-3535　　Mapcode：33 040 358*02

からあげや カリッジュ炸雞

大家一致好評的外帶炸雞店就類似台灣鹹酥雞的感覺，不油不膩，肥美多汁，就算放冷了也一樣好吃、價位適中，北中南都有分店，共四家分店。官網 kariju.jp

名護店

營業時間：11:00-21:00
地址：〒 905-0005 沖縄県名護市為又為又 479-11
電話：0980-45-0555　　Mapcode：206 686 472*26
GOOGLE MAP：https://goo.gl/maps/sD4jKudBjLB2

谷歌地圖
QRCode

🏪 分店資訊：

新都心店

營業時間：周一～五 11：00-21：00
　　　　　周六～日 11：30-21：00
地　　址：〒 900-0006 沖縄県那覇市おもろまち 3 丁目 4-9
📞 098-868-8730　　Mapcode：33 218 041*47

北谷店

營業時間：11:00-21:00
地址 〒 904-0113 沖縄県中頭郡北谷町宮城 1-25
📞 098-936-5661　　Mapcode: 33 555 366*55

跟著彭大去旅行，你給幾顆心？

30 秒讓你搞懂永旺 Aeon

95 折優惠券—全日本都能用，只需要結帳前手機出示就能可以唷！那怎麼區分永旺系列呢？ AEON 永旺是一個集團的名稱，旗下有很多相關企業。

▶「永旺超市」

超市系列名稱為：MaxValu Makishi store，常見到的就是下面這兩家：牧志超市 MaxValu Makishi store、若狹超市 MaxValu Wakasa store 其他還有很多地方都有他的連鎖超市。

▶「永旺百貨」

類似家樂福、三商百貨，通常一樓是超市，二樓則是百貨商場。超市店類似頂好、全聯，以生鮮超市為主，如果你去了小祿店，就不用去美國村的，因為那裡基本上都販賣一樣的商品。名稱說明如下：購物中心 AEON NAGO SHOPPING CENTER、AEON 購物中心那霸店（小祿站）、AEON 購物中心北谷店（美國村）、AEON 購物中心名護店（名護）、AEON 購物中心南風原店（系滿）

▶「永旺來客夢」okinawarycom

是沖繩最大購物中心，位於北中城村。北谷美國村、小祿站、豐見城、名護，皆有相關的連鎖企業。從北谷永旺百貨到北中城永旺來客夢，車程約 15 到 20 分鐘。所以要知道你想去的永旺是在什麼地點，是什麼形式的店，因為開頭都叫做永旺，很容易搞混，不要沒逛到想逛的，更不要重複逛一樣的。永旺來客夢類似義大世界、台茂，有各式各樣的流行服飾跟家電用品，也有生鮮超市、美食街等。

備註：永旺95折優惠券永旺百貨體系內的外駐廠商就無法使用，必須是直營的內部體系才能使用唷！

優惠券 QRCode

沖縄！いただきます！

連鎖超市

熟食區

每天晚上 21：00 後開始有半額貼標活動，常吸引主婦們前
來採購，種類很多，有便當、串燒、壽司、生魚片、輕食……
等，不管是住飯店或是住民宿，都很適合小資旅行者或是
喜歡體驗在地生活的旅人。

MaxValu 超市（マックスバリュ超市）

24 小時

這一系列的超市為 24 小時營業。

來超市就是要買新鮮水果，不能帶回台灣，那就在這裡好好享用！

新鮮水果

分店數：沖繩目前有 30 間
營業時間：24 小時營業
休息日：依各分店有所不同
官網：https://www.aeonretail.jp/maxvalu/index.html

乳製品

擺放整齊的各式乳製品，很多熟悉的品牌，都很便宜唷！

MaxValu 超市布及全日本，集結日常用品、生鮮、熟食、各式蔬果、糖果餅乾等等商品的大型超市，商品價格便宜、貨色齊全，不僅是旅客補貨的好去處，連沖繩當地居民也愛逛！此外，這裡 24 小時營業，到晚上 9 點之後熟食區的小菜還可以再半價優惠，來沖繩玩時，到 MaxValu 超市買點宵夜、配點日本啤酒也不錯喔！

いっぺ〜
まーさん

跟著彭大去旅行，
你給幾顆心？

♡ ♡ ♡ ♡ ♡

RYUBO 超市

必來

RYUBO 超市招牌。

美味便當加熱即可食用。

熱熱吃

0 負擔

健康的零食，這樣擺設讓人愛不釋手。

分店數：榮町 RYUBO、天久 RYUBO 樂市等等，沖繩目前共有 14 間。
營業時間：榮町、天久 RYUBO 超市為 24 小時營業，其他店舖有所不同。
休息日：全年無休（依各店鋪與設施有所變動）
官網：http://ryubostore.jp/ 日文
官網：http://ryubo.jp/tw/ 中文

いっぺ〜まーさん

跟著彭大去旅行，你給幾顆心？

RYUBO 超市（りうぼう超市）是間從沖繩當地發跡的超市，除了有以食品販賣為主的 RYUBO FOOD MARKET 外，位於那霸市的天久 RYUBO 樂市更是沖繩知名的逛街商圈，除了基本的超市外，還有無印良品、DAISO、UNIQLO、BEST 電器量販店、SPORTS DEPO 運動用品店等等人氣品牌專門店。其中天久店的 RYUBO FOOD MARKET 及 DAISO 都是 24 小時營業，非常適合夜貓子的朋友來這邊挖寶！

San-A 超市

很好找

超市黃底紅色的 LOGO，在藍天下特別顯眼。

小包裝的水果，還有切片哈密瓜，很方便食用。

好入手

超划算

超市時常會有一些促銷活動，可以買到很划算的日本商品。

分店數：大型百貨賣場有那霸 Main Place、具志川 Main City、宜野灣 Convention City，和其他超市約 65 間
營業時間：9：00-23：00（部分店家營業時間有所不同，建議先上該分店網頁查詢）
休息日：依各分店有所不同
官網：https://www.san-a.co.jp/tw/

黃色招牌的 San-A 超市，是沖繩本地的複合式賣場，有松本清藥妝店進駐，逛超市順便買藥妝超方便。另外還有大型百貨類型，例如新都心的 Main Place，就像是縮小版的來客夢，有餐廳及各種服飾店，喜歡逛街的朋友，一定留連忘返到不想離開。

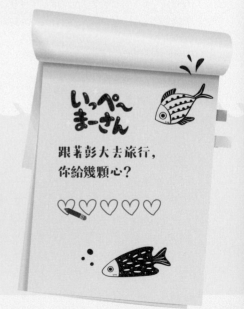

いっぺ〜
まーさん

跟著彭大去旅行，
你給幾顆心？

Town Plaza Kanehide 超市
（タウンプラザかねひで超市）

兩隻鳥

綠色的招牌配上紅色的鳥，我們都簡稱他為兩隻鳥超市。

是當地人愛逛的超市。

很 Local

生魚片

媲美魚市場的新鮮生魚片。

分店數：沖繩目前有約 60 間
營業時間：9：00-24：00（部分店面營業至 01：00）
休息日：請見官網
官網：http://kanehideshj.com/

招牌上是兩隻鳥圖案，相當好辨識，所以我們都叫它「兩隻鳥超市」，類似台灣的全聯、頂好。分店超多，是相當 Local 的超市，在有些很偏僻的地方都能看到它的蹤跡，價格會比其它超市便宜許多，大部分分店都開到晚上 12 點，相當適合住民宿的朋友們購買新鮮食材，留意看看你的民宿附近有沒有分店吧！

いっぺ〜まーさん

跟著彭大去旅行，
你給幾顆心？

UNION 超市（ユニオン超市）

草莓季千萬不要錯過超市的草莓。

即使是超市的炸雞也超級酥脆可口。

豐盛的沙拉餐盒。

分店數：沖繩目前共有 18 間
營業時間：24 小時
休息日：全年無休
官網：https://union-okinawa.com/tw/

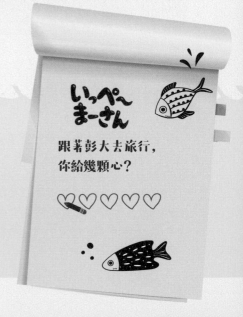

いっぺ〜
まーさん

跟著彭大去旅行，
你給幾顆心？

UNION 超市是沖繩本土連鎖超市，有很多家分店，
都是 24 小時營業，超方便，如果是想半夜採購的旅
客，這裡超適合。這裡有便宜又新鮮的食材，沖繩的
地方媽媽們也很喜歡來這裡採買。若是住民宿想要自
己簡單料理，先看看附近有沒有 UNION 超市吧！

沖繩！いただきます！

....

飯店

精選飯店自助餐

誰說沒有住飯店，就不能吃到飯店美食？
誰說不是飯店派，就不能享受飯店氛圍？

走吧～去飯店吃自助餐，精選五家自助餐食的飯店，多樣食材、
多種選擇，想吃得精緻或是想要多樣變化，讓選擇障礙或是挑嘴
的人，找到屬於自己的菜色，沒有入住飯店，一樣可以享受飯店
級的好味道、好服務。不管是海邊或是市區，都有不同的感覺，
如果很喜歡，就把它放進口袋名單，或許下一次的旅行，就住下
來吧！

ALIVILA 日航度假酒店
Casual Buffet HANAHANA

隱身在讀谷的浪漫海邊飯店，雖然有點偏遠，卻有世外桃源的歐洲風情，忽然有種自己不在日本的錯覺，就算是專程前往，也很值得。雖然當天我們吃的是午餐，卻一點也不馬虎，相信這就是廚師們的執著吧！現場老師傅製作握壽司認真的神情，為食物增添了一種靈魂。現炸天婦羅也是超好吃，非常推！這裡有浪漫的歐式花園及室內裝潢，也有沖繩特有的無敵海景，相信在這裡辦婚禮的新人，一定倍感幸福。如果你喜歡拍照，相信這裡的建築物與花園，可以讓人駐足許久。

豆腐和番茄切片鹹甜均適中。

自己擺盤，挑自己最愛的時候來享受。

午餐營業時間：早餐 12:00-14:30
　　　　　　　晚餐 18:00-21:30
地址：〒 904-0393 沖繩県中頭郡読谷村字儀間 600
電話：098-982-9111
官網：www.alivila.co.jp
Mapcode：33 881 331*53

跟著彭大去旅行，你給幾顆心？

 ♡ ♡ ♡ ♡

谷歌地圖 QRCode

那霸海洋酒店 Hotel Ocean

位於那霸國際通尾段的飯店，靠近單軌牧志站，是一間很親子的飯店。一走進去飯店大廳就可以看到許多小孩的玩具及用品，可見飯店對於孩子們的重視與用心。餐廳中有很多適合孩子們食用及看到會相當興奮的餐點，還有 0 歲以下的 BABY FOOD、符合小孩高度的取餐區，帶小小孩來用餐，也不會成為負擔。另外有許多新鮮蔬菜、水果或是肉類都是嚴選過的好食材，不管是帶長輩或是孩子，都可以安心食用。

生菜種類眾多，縣產野菜是特色。

麵包可以沾巧克力鍋吃。

兒童餐區域好可愛。

營業時間：早餐 06:30-10:00
　　　　　午餐 11:30-14:30 每周二公休
地址：〒 902-0067 沖繩縣那霸市安里 2-4-8
電話：098-863-2288
官網：hotelocean.jp
Mapcode：33 158 678*66
備註：日本新年營業時間請以當時狀況為主。

跟著彭大去旅行，你給幾顆心？

谷歌地圖 QRCode

沖繩馬海納健康度假酒店
Marsen Buffet

在美麗的海洋水族館附近的度假飯店，在參觀完海洋館後，如果不知道要吃什麼，這裡是個不錯的選擇，精緻的自助餐，不愧是高級飯店，連用餐氣氛都很舒適，菜色非常多，鮮蔬、沖繩島豆腐、現涮豬肉、很精緻的甜點、中式炒菜等。選一個面向庭院靠近泳池的戶外座位，享受熱帶風情優閒的用餐時光。如果有機會，能夠住上一晚，相信一定會是個很棒的體驗。

各式壽司應有盡有。

煙燻鴨肉，表現不凡。

營業時間：早餐 7:00-10:00
　　　　　晚餐 18:00-22:00
地址：〒 905-0205 沖繩県国頭郡本部町山川 1456
電話：0980-51-7700
官網：mahaina.co.jp
Mapcode：553 046 422*63

跟著彭大去旅行，你給幾顆心？

谷歌地圖 QRCode

Nest 酒店 Naha

位於那霸市，單軌旭橋站步行約 3 分鐘就到了，經濟實惠的午餐自助餐，大人只要 1600 日圓（2019 年 10 月之後會調整），就可以吃到好多不一樣的食材。有時候不知道要帶長輩吃什麼，或是旅伴各有各的需求，最不傷透腦筋的方式就是帶來這裡，午餐菜色選擇多又不貴。當天中午發現很多當地人來用餐，不到一會的時間就客滿了，真是物超所值。

一口小甜點，櫻桃引人愛。

雞肉搭配蔬食營養充足。

營業時間：早餐 7:00-10:00
　　　　　午餐 11:30-14:00
地址：〒 900-0036 沖繩縣那霸市西 1-6-1
電話：098-868-1118
官網：http://www.nesthotel.co.jp/okinawa/
Mapcode：33 155 057*84

跟著彭大去旅行，你給幾顆心？

谷歌地圖 QRCode

沖繩凱悅那霸酒店 sakurazaka

位於那霸市中心一間不陌生的飯店,一進門首先看到的甜點,就讓人興奮不已,以往自助餐的甜點都不是主角且只有幾樣,但在這裡,甜點也是主角。另外現煎牛排、大蝦、干貝、沖繩紅芋甜點、還有沖繩經典 BLUE SEAL 冰淇淋,樣樣都很精緻,光是視覺就是個饗宴了。餐廳每天主題都不一樣,菜色內容也不同,而現做料理區可看到大廚在煎著滋滋作響的牛排,煎好後就可以自取!飲料不僅有各色冷飲,熱飲還供應熱茶和研磨咖啡,非常用心。

各式小點一人份很剛好。

滿滿的生蝦和海鮮。

營業時間:早餐 7:00-10:00
　　　　　午餐 11:30-15:00
地址:〒 900-0013 沖繩縣那霸市牧志 3-6-20
電話:098-866-8888
官網:https://goo.gl/ohDm8B
Mapcode:33 158 240*68

谷歌地圖 QRCode

跟著彭大去旅行,你給幾顆心?

KTV1011

沖繩彭大家族自助錦囊：瘾食篇

作　者—彭國豪、郭聖馨
主　編—林潔欣
企劃主任—葉蘭芳
封面設計—李宜芝、郭聖馨
美術設計—李宜芝
內頁地圖—郭聖馨

發 行 人—趙政岷
出 版 者—時報文化出版企業股份有限公司
　　　　　一〇八〇三臺北市和平西路三段二四〇號三樓
　　　　　發行專線—(〇二)二三〇六—六八四二
　　　　　讀者服務專線—〇八〇〇—二三一—七〇五
　　　　　　　　　　　(〇二)二三〇四—七一〇三
　　　　　讀者服務傳真—(〇二)二三〇四—六八五八
　　　　　郵撥—一九三四四七二四時報文化出版公司
　　　　　信箱—臺北郵政七九~九九信箱
時報悅讀網—http://www.readingtimes.com.tw
法律顧問—理律法律事務所陳長文律師、李念祖律師
印　刷—和楹印刷股份有限公司
初版一刷—二〇一九年五月十日
初版三刷—二〇一九年六月四日
定　價—新臺幣三八〇元
(缺頁或破損的書，請寄回更換)

時報文化出版公司成立於一九七五年，
並於一九九九年股票上櫃公開發行，於二〇〇八年脫離中時集團非屬旺中，
以「尊重智慧與創意的文化事業」為信念。

沖繩彭大家族自助錦囊．瘾食篇 / 彭國豪，郭聖馨著 . -- 初版 .
-- 臺北市 : 時報文化，2019.05
　面；　公分
ISBN 978-957-13-7785-8(平裝)

1. 自助旅行 2. 日本沖繩縣

731.7889　　　　　　　　　　　　　　　108005426

ISBN 978-957-13-7785-8
Printed in Taiwan

facebook HV RENTALS 🔍

HV RENTALS
Happiness Vacation

沖繩機車趴趴GO
玩沖繩就是這麼簡單
中文對應讓你更安心
機車也有安心保險唷
✅爆胎 ✅故障 ✅事故

開幕慶

彭大家族
獨家優惠

使用期限
2019年12月31日前出發

折扣 **1000** 円

凡加入免責及安心兩項保險，若發生事故
即可免除相關損賠金額並享一次免費換車
※詳細規定請參照官網說明

誰要跟我去兜風 ♡♡

hvrentals.jp
✉ info@hvrentals.jp
💬 ID:hvrentals

彭大家族 I♡ Okinawa

✕

HV RENTALS
Happiness Vacation

日本、韓國網卡彭大家族優惠碼

日本網卡 OKASIMJP

韓國網卡 OKASIMKR

日本、韓國上網卡超值組彭大家族優惠碼

日本 8+8 雙卡組 **OKASOSJP88**

韓國 5+5 雙卡組 **OKASOSKR55**

韓國 8+8 雙卡組 **OKASOSKR88**

★海外上網聯名系列★
6 Days
4G

★海外上網聯名系列★
7 Days
4G高

★海外上網聯名系列★
8 Days
4G高

不斷網 免設定 好方便
4G高速上網吃到飽，飛日韓8天
彭大家族 × ttb飛買家

飛買家網卡　非買不可之5優點

☑ 4 G 高速上網吃到飽，無限上網不降速。

☑ 隨插即用免設定。

☑ 日本採用 SOFTBANK&DOCOMO、
　韓國採用 SK TELECOM 電信移動網路，
　日本 / 韓國全區皆可上網，訊號覆蓋率極佳。
　可切換兩家電信公司，哪一信號強，就切換到哪一電信公司。

☑ 三合一 SIM 卡 (可拆分式，標準卡 / Mini 卡 / 微型卡)，

☑ 附退卡針適用所有手機。

 × ttb 飛買家 TravelToBuy.com

我要買網卡

備註　飛買家彭大家族聯名網卡，限宅配訂單、台北直營門市。
　　　若取件地點為松山機場、桃園機場、高雄小港機場恕無法取得聯名版封面網卡。

SAPPORO DRUG STORE
札幌藥粧

彭大家族
I♥Okinawa

請在結賬前向店員出示護照和此券

護照
▼
8%OFF TAX FREE **+5%OFF**

注意事項
・請在結賬前將本券交遞給店員　結算后無法給予折扣
・部分商品為特價商品　不適用于本折扣券
・具體詳情請咨詢店員
・此折扣券不可同其他優惠券並用

Japan.
Tax-free
Shop

2300009301480

930148

紙本優惠券僅限
沖繩地區
四家門市使用

札幌藥妝 沖繩國際通店
札幌藥妝 沖繩北谷美國村店
札幌藥妝 沖繩Ashibinaa店(OUTLET 2樓)
札幌藥妝 沖繩國際通HOTEL LANTANA店

沖繩國際通
HOTEL LANTANA 店

沖繩 Ashibinaa 店

沖繩北谷美國村店

沖繩國際通店

沖繩國際通店
〒 900-0015
沖繩縣那霸市久茂地3丁目3-16
電話：098-860-1331
常規營業時間：10:00 ～ 23:00

沖繩北谷美國村店
〒 904-0115
沖繩縣中頭郡北谷町
美浜 9-17 at's chatan1樓
電話：098-926-1885
常規營業時間：10:00 ～ 23:00

沖繩 Ashibinaa 店
〒 901-0225
沖繩縣豐見城市豐崎 1-188
沖繩Outlet Mall Ashibinaa2樓070區
電話：098-852-2262
常規營業時間：10:00 ～ 20:00

沖繩國際通 HOTEL LANTANA 店
〒 900-0014
沖繩縣那霸市松尾 2 丁目 8-1
電話：098-860-1522
營業時間：9:00 ～ 23:00

電子版優惠券全日本皆可用

驚安の殿堂
ドン.キホーテ

Mega Don Quijote
名護店

電話：0980-45-0411
營業時間：早上09:00～凌晨03:00
4月～10月早上08:00～凌晨03:00
Mapcode: 206 866 458*63

Don Quijote
宮古島店

電話：0980-75-3011
營業時間：早上08:00～凌晨03:00
Mapcode: 310 426 608*85

Don Quijote
石垣島店

電話：0980-82-0411
營業時間：早上08:00～凌晨02:00
Mapcode: 366 007 359*47

Mega Don Quijote
宜野湾店

電話：098-942-9911
營業時間：早上09:00～凌晨05:00
Mapcode: 33 434 024*33

Mega Don Quijote
うるま(泡瀨)店

電話：098-982-6911
營業時間：早上09:00～凌晨04:00
Mapcode: 33 628 781*30

Don Quijote
国際通り店

電話：098-951-2311
營業時間：24小時
Mapcode: 33 157 382*41

隨書附贈　唐吉訶德優惠券
結帳時請記得出示

驚安の殿堂官網

日本最大級的綜合折扣免稅商店!

從名牌商品到日用品,總類齊全,價格便宜!

全年無休,營業至深夜!

多種語言對應,全國連鎖!

購物,

當然要來日本最有人氣的唐吉訶德!

 Japan. Tax-free Shop

優惠説明

消費達10000日圓(未稅) ➡ 免稅 再折扣**500**日圓

消費達30000日圓(未稅) ➡ 免稅 再折扣**2000**日圓

以上消費滿額金額皆為未稅價。※此活動可能有變更,請依購買店鋪公告為主。

 ドン.キホーテ

燒肉 極上牛

限定版 彭大家族套餐 2人套餐 **4500**円/人

もとぶ和牛 肋眼牛排、五花和牛、里肌肉

阿古豬 里肌肉、豬五花

蔬菜拼盤、涼拌小菜拼盤、鋁箔紙包雞肉燒、
昆布湯、BLUE SEAL冰淇淋X2、白飯X2

可加價升級
石垣牛 神戶牛

AEON超市

小禄 往那霸市區方向

赤嶺 往那霸機場方向

極上牛

我要預約

GOKUJOUGYU
電話：098-851-4129
營業時間 17：00～22：00